DIETER BOCHMANN

Automatengraphen

Automatengraphen

von
Prof. Dr. sc. techn. DIETER BOCHMANN
Karl-Marx-Stadt

Mit 108 Abbildungen

Akademie-Verlag · Berlin
1982

Erschienen im Akademie-Verlag, DDR-1086 Berlin, Leipziger Straße 3—4
Lektor: Dipl.-Math. Gesine Reiher

Lizenznummer: 202 · 100/518/82
Umschlaggestaltung: Rolf Kunze
Gesamtherstellung: VEB Druckerei „Thomas Müntzer", 5820 Bad Langensalza
Bestellnummer: 763 099 0 (6693) · LSV 1094
Printed in GDR
DDR 19,50 M

Vorwort

Die Nahtstelle zwischen mathematischen und technischen Aufgabenstellungen war schon immer eine Quelle befruchtender Ideen für beide Seiten. Der Titel "Automatengraphen" soll diesem Weg folgen: Graphen als mathematische Objekte werden vom Techniker genutzt und übernommen, Automaten als ursprünglich technische Objekte haben in der Mathematik einen festen Platz erhalten. Mit diesem Buch wollen wir uns bewußt in der Nähe der Nahtstelle bewegen. Die stürmische eigenständige Entwicklung der Automatentheorie und der Graphentheorie soll dem Spezialisten vorbehalten sein. Die Grundlagen dagegen, die in abgewandelter Weise in leistungsfähigeren Algorithmen wiederkehren, müssen einem breiten Kreis verständlich werden.

Das Anliegen des Buches besteht darin, für Informations- und Automatisierungstechniker, Schaltungsentwerfer und Mathematiker, die sich mit dem Entwurf von Automaten befassen wollen, aber keine spezielle Ausbildung dafür haben, geistiges Handwerkszeug zur Verfügung zu stellen, mit dem sie sich dann weiterführende Literatur selbst erschließen können, aber auch Entwurfsaufgaben in einem bestimmten Umfang selbst lösen können. Für die Weiterführung sind insbesondere tiefere theoretische Grundlagen und leistungsfähige computerorientierte Algorithmen erforderlich. Für beides ist Literatur angegeben. Dabei soll besonders auf /6/ verwiesen werden, weil dort die Theorie vollständig dargestellt ist, die hier nur genutzt wird. Auf Beweise konnte deshalb im vorliegenden Buch auch verzichtet werden. In /24/ und /25/ werden Algorithmen und Programme vorgestellt, die der hier benutzten Grundmethode, dem BOOLEschen Differentialkalkül, angepaßt sind.

Das 1. Kapitel hat einführenden und Überblickscharakter und dient vorrangig der Begriffsbildung. Im 2. Kapitel werden mathematische Mittel aus der BOOLEschen Algebra und dem BOOLEschen Differentialkalkül nur im später erforderlichen Umfang zur Verfügung gestellt. Auch das 3. Kapitel gibt einen Überblick über Grundbegriffe, Problemstellungen und Methoden der Graphentheorie, der auf die hier stehenden Probleme zugeschnitten ist. Im 4. Kapitel wird das vorbereitete Material zum Entwurf von Automaten genutzt. Dabei werden die zu entwerfenden Strukturen von der sprachlich formulierten Aufgabenstellung bis zur technischen

Realisierung verfolgt, jedoch aus didaktischen Gründen im Kapitel die umgekehrte Reihenfolge benutzt.

Die Formelnumerierung erfolgt nur innerhalb der Abschnitte, und (5) bedeutet dann eine Formel im betreffenden Abschnitt. Durch (2.1.-5) wird auf eine Formel im Abschnitt 2.1. verwiesen.

Die vorliegende Fassung basiert auf Vorlesungen und Weiterbildungsveranstaltungen, die an der Technischen Hochschule Karl-Marx-Stadt gehalten werden. Bei der Arbeit daran wurde ich von meinem Forschungskollektiv, für das stellvertretend Doz.Dr.sc.techn. POSTHOFF genannt werden soll, beraten und unterstützt. Kollegen des ZKI der AdW Dresden unter Leitung von Prof.Dr.sc.techn. ZANDER vermittelten vielfältige Anregungen, und Prof.Dr.-Ing. PILZ stimulierte die Diskussion durch den fruchtbaren Gedanken, daß "der gesamte Entwurfsprozeß eigentlich ein fortlaufendes Umformen von Graphen ist". Ihnen allen sei herzlich gedankt.

Frau Dipl.-Phys. LAGOWITZ und Frl. Dipl.-Math. REIHER vom Akademie-Verlag bereiteten die Herausgabe in bewährter Sorgfalt und Sachkenntnis vor. Besonders danke ich Frau ULRICH für die mühsame Arbeit des Schreibens des Offsetmanuskriptes.

Karl-Marx-Stadt, November 1981 **Dieter Bochmann**

Inhaltsverzeichnis

1. Automaten

1.1. Einleitung

Der Begriff "Automat" ist Jahrtausende alt und enthielt immer die Vorstellung geisterhafter,vom Menschen unabhängiger und seinem Willen entzogen ablaufender Vorgänge. Trotzdem wurden die Automaten stets von Menschen entworfen und erhielten ihr geheimnisvolles Leben nach langem tiefsinnigem Überlegen der Konstrukteure eingehaucht. In unserem Jahrhundert erst wurde der Versuch unternommen, die Gedankengänge der entwerfenden Ingenieure nachzuvollziehen, sie mit formalen, mathematischen Mitteln zu unterstützen und damit das Geheimnis der Automaten für jeden Willigen zu lüften. Automaten gehören heute zu unserem Alltag.

Warum erscheinen uns dennoch viele in technischen Systemen ablaufende Prozesse nach wie vor geheimnisvoll? Prinzipielle Gründe gibt es nicht mehr, aber unserem Erkenntnisvermögen sind recht enge Grenzen hinsichtlich der erfaßbaren Informationsmenge insgesamt (Komplexitätsgrenze) und je Zeiteinheit (Geschwindigkeitsgrenze) gesetzt. Diese Grenzen mußten aber vom Entwerfer durchbrochen werden. Welche Mittel standen ihm dabei zur Verfügung? Beobachten wir die äußerlich erkennbare Seite der Arbeit eines Entwurfsingenieurs, so sehen wir Skizzen, Tabellen,Listen, Programmabschnitte und meist nicht sehr komplizierte Formeln. Mit diesem Handwerkszeug gelingt heute die Konstruktion so umfassender Gebilde wie Rechenanlagen, industrielle Steuerungen und Nachrichtensysteme. Natürlich werden auch die Rechner selbst wieder für den Entwurfsprozeß eingesetzt, und auch sie benutzen die Sprache der Skizzen, Tabellen und Formeln für den Dialog mit dem Menschen.

"Ein Bild sagt mehr als tausend Worte" ist eine oft gültige Erfahrung. Aus den Sprachelementen heben sich damit die Skizzen als vorrangig heraus. Dabei handelt es sich meist nur um zwei wichtige Typen: Kurven in Koordinatensystemen und Liniensysteme, die gewisse vorgegebene Punkte verbinden. Letztere nennt der Mathematiker Graphen. Wir benutzen sie im alltäglichen Leben in vielfältiger Weise, ohne dabei eine tiefere Theorie zu beanspruchen. Das Netz der Eisenbahnverbindungen (Abb.1.1), der Alarmierungsplan der freiwilligen Feuerwehr (Abb.1.2) oder der Funktionsablauf einer Verkehrsampel (Abb.1.3) sind Beispiele. Die Verkehrsampel ist jedoch nur für den Kraftfahrer ein Automat mit geheimnisvollem Innenleben, der unabhängig und vielleicht gar gegen seinen Willen die Zustände wechselt. Sie folgt dem Gesetz des Graphen und dem Ablauf der Zeit. Durch den Graphen ist das Verhalten des Automaten dokumentiert. Der sachkundige Ingenieur kann dazu eine technische Struktur entwerfen.

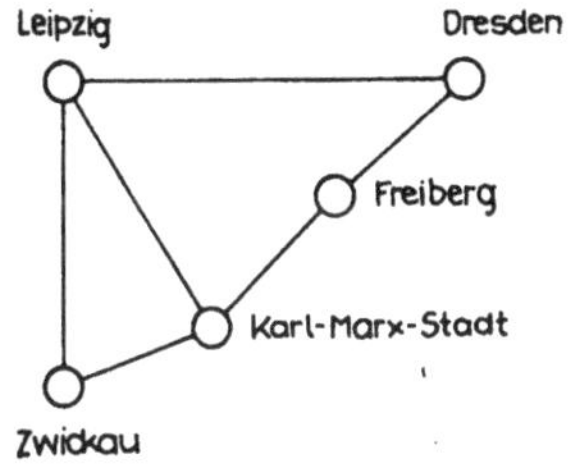

Abb. 1.1

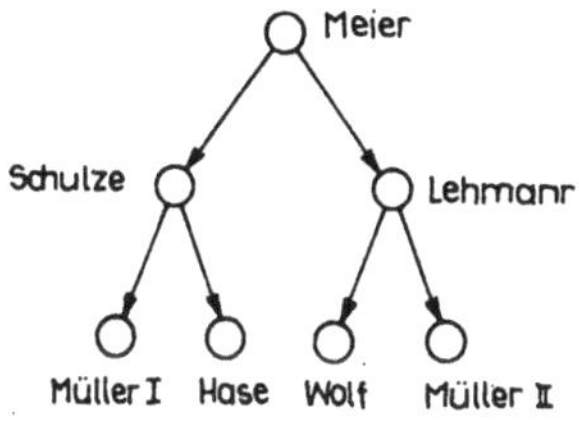

Abb. 1.2

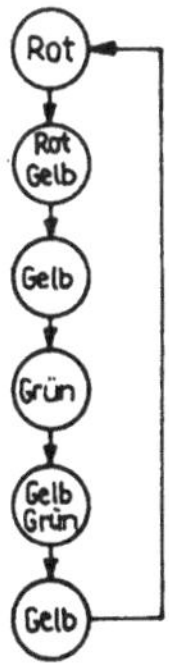

Abb. 1.3

Das Ziel des vorliegenden Buches besteht darin, für einige praktisch wichtige Klassen von Automaten das Handwerkszeug bereitzustellen, das die Zusammenhänge zwischen Verhalten und Struktur vermittelt. Nur wenige Spezialisten werden die Aufgabe zu lösen haben, einem gegebenen Verhalten eine Schaltungs- oder Programmstruktur zuzuordnen (Syntheseaufgabe). Viel größer ist der Kreis der Anwender, die das Verhalten komplexer Automaten verstehen, erklären, dokumentieren oder kritisieren wollen und dafür ein sicheres Werkzeug benötigen. Ihnen soll mit diesem Buch eine Hilfe gegeben werden.

1.2. Automatenbeschreibung

Einen Automaten kann man seinem Verhalten oder seiner (technischen) Struktur nach beschreiben. Wichtiger ist die Verhaltensbeschreibung, weil sie auch demjenigen nützlich ist, der den Automaten als Ganzes einsetzen oder erkennen will und dem seine inneren Besonderheiten gleichgültig sind (vgl. die Verkehrsampel aus Abb.1.3). Im Laufe der Zeit wurden viele Mittel vorgeschlagen, um das Verhalten eines Automaten zu kennzeichnen. Sie reichen von abstraktesten Modellen (z.B. formale Grammatiken) bis zu unmittelbar anschaulichen Skizzen (Oszillographenbilder), und ein "bestes" Beschreibungsmittel scheint es nicht zu geben. Als zentrales Modell, das sich mit anderen unkompliziert in Verbindung bringen läßt, ist eine Beschreibung durch drei Mengen und zwei Operationen (Abbildungen) üblich, der wir uns zunächst zuwenden wollen.

Der Grundgedanke, der auch in vielen anderen Wissenschaften auftritt, besteht darin, daß es in einem System gewisse "Zustände" gibt, die zeitlich aufeinander folgen können. Das ist ein sehr anschauliches Bild, wenn es auch nicht immer ausreicht. Gibt es mehrere mögliche Zustände, so muß durch äußere Größen bestimmbar sein, welcher als nächster folgt. Soll der Automat wieder auf seine Umgebung einwirken, dann müssen aus den Zustandsgrößen (und evtl. auch den steuernden Eingangsgrößen) die nach außen abzugebenden Signale bestimmbar sein.

Wir erkennen drei verschiedene Größenarten, die in unserer Überlegung auftreten:

Zustandsgrößen: Sie bilden die Menge S, und für jeden Zeitpunkt t gibt es genau einen Zustand s(t). Zustände kennzeichnen die inneren Parameter des Automaten, und es ist oft bequem, alle Zustandsgrößen in einem einzigen Speicher untergebracht zu denken. Wir sprechen in diesem Sinn auch von Speicherzuständen.

Eingangsgrößen: Sie bilden die Menge E, und in jedem Zeitpunkt t erhält der Automat ein Eingangssignal e(t). Sind mehrere Eingänge vorhanden, so fassen wir sie zu einem einzigen Vektor gedanklich zusammen. Manchmal gibt es auch Eingänge mit Sonderaufgaben, die besser getrennt betrachtet werden (Takt, Fertigmeldungen, Alarmsignale).

Ausgangsgrößen: Sie bilden die Menge A. Von den Zustandsgrößen unterscheiden sie sich nur dadurch, daß sie nicht wieder in den Automaten rückwirken. Deshalb verzichtet man manchmal auf ihre Verwendung. Der Wert a(t) kennzeichnet die Ausgangsgröße zur Zeit t.

Die Zeit t spielte bisher nur eine mehr symbolische Rolle. Wenn unser Automat aber in der Zeit arbeiten soll, so muß sie mit genannt und genau beschrieben werden. Wir nehmen dazu an, daß t nur ganzzahlige (meist positive) Werte annimmt und daß es für jedes t mit

$$t \in \{0, \pm 1, \pm 2 \ldots\} \qquad (1)$$

jeweils ein s(t), e(t), a(t) gibt. Das ist eine für viele technische Anwendungen gültige Annahme, die aber auch hin und wieder zu streng ist und dann erweitert werden muß (z.B. bei Wettlauferscheinungen und bei parallelen Prozessen in Automatennetzen).

Das Ausgangssignal des Automaten wird aus dem Speicherzustand und dem Eingangssignal ohne wesentliche Verzögerung gebildet:

$$a(t) = \lambda(e(t), s(t)). \qquad (2)$$

Die Funktion λ heißt Ergebnisfunktion. Für sie genügt manchmal auch die Abhängigkeit vom Speicherzustand allein:

$$a(t) = \lambda(s(t)). \qquad (3)$$

In diesem Fall spricht man von einem MOORE-Automaten, im (scheinbar allgemeineren) Fall (2) von MEALY-Automaten.

Das wichtigste Gesetz eines Automaten ist das Bewegungsgesetz für seinen Speicherzustand. Aus den zur Zeit t vorliegenden Werten e(t) und s(t) muß der neue Wert s(t+1) gebildet werden:

$$s(t+1) = \delta(e(t), s(t)). \qquad (4)$$

Die Funktion δ heißt Überführungsfunktion. Sie gibt an, in welchen neuen Zustand der Automat aus s(t) bei Eingabe von e(t) überführt wird.

In Abb.1.4 ist die Momentaufnahme eines Automaten zur Zeit t gezeigt. Der Zusammenhang zwischen den Größen wird in Abb.1.5 deutlich, in der die "Berechnungsblöcke" für die beiden Funktionen und der "Transportweg" ihrer Argumente erkennbar sind.

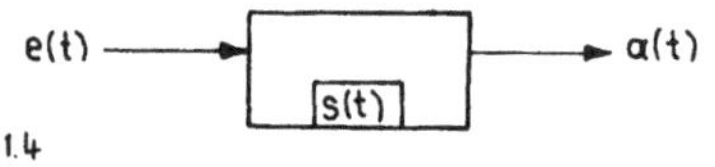

Abb. 1.4

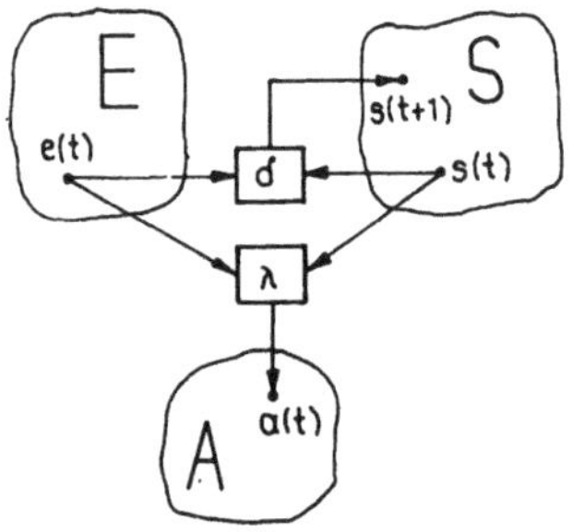

Abb. 1.5

Das erläuterte Automatenmodell ist zwar recht abstrakt, aber in seinem Wesen nicht kompliziert. Es erlaubt z.B., den zeitlichen Ablauf aller Größen nacheinander zu berechnen:

$$\begin{aligned}
t = 0: \quad & a(0) = \lambda(e(0), s(0)), \\
& s(1) = \delta(e(0), s(0)), \\
t = 1: \quad & a(1) = \lambda(e(1), s(1)), \\
& s(2) = \delta(e(1), s(1)), \\
t = 2: \quad & a(2) = \lambda(e(2), s(2)), \\
& s(3) = \delta(e(2), s(2)) \quad \text{usw.}
\end{aligned}$$

Sind der Anfangszustand s(0) und e(t) gegeben, so können also die Werte von a(t) und s(t) berechnet werden. Ein solches "Experimentieren mit einem Modell" heißt <u>Simulation</u>.

In der technischen Praxis reicht die Beschreibung der Automaten nur durch das allgemeine Modell nicht aus. Es werden spezielle Automatenstrukturen durch andere Beschreibungsformen (Programmablaufpläne, BOOLEsche Gleichungen, Schaltpläne, Programmiersprachen u.a.) gekennzeichnet, und es werden zusätzliche Annahmen für die Mengen E,A,S und/oder die Abbildungen λ und δ gemacht. Das klare und einfache Automatenmodell stellt aber für die meisten "praxisnahen" Darstellungsformen den Rettungsanker dar, den man zu Rate zieht, wenn sie sich im Dickicht ihrer angeblich plausiblen und "jedem Ingenieur klaren" heuristischen Nebenbedingungen verlieren.

Wir werden uns die Aufgabe stellen, eine Reihe praktisch verwendeter (und zu empfehlender) Darstellungsformen in ihrem Zusammenhang zu zeigen und damit dem Ingenieur Sicherheit bei ihrer Anwendung zu geben. Selbstverständlich kann ein technisches Gerät nicht allein durch unser einfaches Modell beschrieben werden - aber ohne seine Hilfe ist überhaupt keine exakte Beschreibung möglich.

Fassen wir die in den Automatengleichungen (2) und (4) auftretenden Größen zu einem gemeinsamen Vektor

$$(e(t), s(t), s(t+1), a(t)) \tag{5}$$

zusammen, so gibt es zwei grundsätzliche Fälle. Ein beliebig angenommener Vektor (5) kann so beschaffen sein, daß er die Gleichungen (2) und (4) erfüllt, oder er steht im Widerspruch zu ihnen. Wir nennen jeden Vektor nach (5) Phase des Automaten. Erfüllt er die Gleichungen (2) und (4), so heißt er zulässige Phase. Für jeden Zeitpunkt t befindet sich der Automat, seinen aufgeprägten Gesetzen folgend, in einer zulässigen Phase. Die Gesamtheit aller zulässigen Phasen bildet das Verhalten des Automaten.

Für die Phasen gibt es eine sehr anschauliche Darstellung, die in Abb.1.6 gezeigt ist. Die Zustände s(t) und s(t+1) werden als Kreise (Knoten), die Zugehörigkeit zur Phase durch eine verbindende, von s(t) nach s(t+1) gerichtete Linie (Kante) dargestellt. Zur vollständigen Kennzeichnung werden noch e(t) als auslösende Ursache und a(t) als ausgelöste Wirkung hinzugefügt (Kantengewichte).

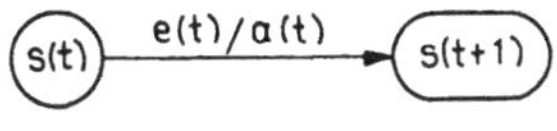

Abb. 1.6

Anschaulich ist klar, daß die Gesamtheit aller zulässigen Phasen eines Automaten (sein Verhalten) durch einen Graphen dargestellt werden kann. Wir haben damit die erste Klasse von Automatengraphen kennengelernt und werden sie später noch gründlicher analysieren.

Für die Überführungsfunktion δ haben wir, ohne das weiter zu betonen, Eindeutigkeit der Ergebnisse vorausgesetzt. Für Abb. 1.6 bedeutet das, daß von s(t) nur ein einziger, genau bestimmter Folgezustand bei Eingabe von e(t) erreicht wird. Man kann hier auch andere Modelleigenschaften wählen. Zunächst nehmen wir an, daß als Nachfolgezustand ein nicht näher bestimmbarer Zustand aus einer Zustandsmenge S^* (die wiederum Teilmenge von S ist) auftritt. Das führt zum Begriff des <u>nichtdeterministischen</u> Automaten (Abb.1.7), der z.B. dann heranzuziehen ist, wenn Ungewißheit über eventuelle Fehler im Automaten besteht. Ohne Fehler möge $s_1(t+1)$ erreicht werden, zwei verschiedene Fehlerarten führen zu den anderen möglichen Zuständen. Gibt es zusätzliche Informationen über Wahrscheinlichkeiten des Übergangs in die möglichen Folgezustände, so spricht man von <u>stochastischen</u> Automaten (Abb.1.8).

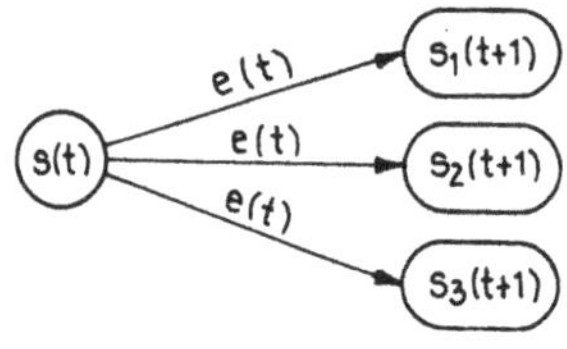

Abb. 1.7

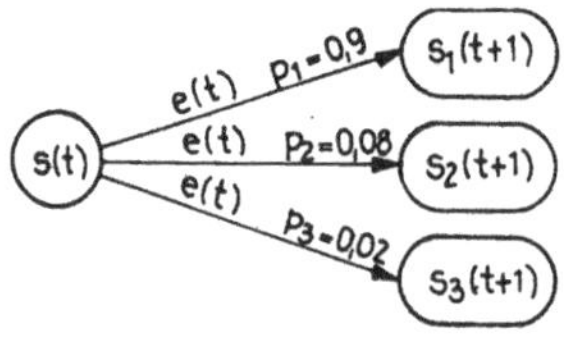

Abb. 1.8

In der Mehrzahl der Fälle wird in unserem Beispiel ein Übergang von s(t) nach s_1(t+1) stattfinden. Lassen sich die Häufigkeiten des Überganges nicht in Zahlen, aber in Worten mit "ungefährer Zahlenbedeutung" angeben, so kann auch das Modell des unscharfen Automaten (fuzzy-Automat) herangezogen werden (Abb.1.9).

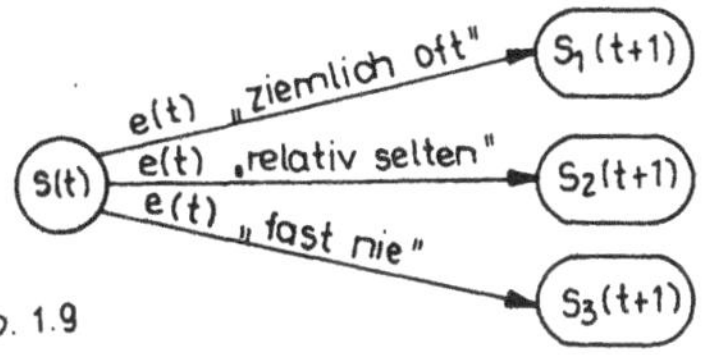

Abb. 1.9

Der Fall des deterministischen Automaten mit eindeutiger Überführungsvorschrift ist damit zwar ein Spezialfall, aber praktisch, besonders beim Entwurf von Automaten, der wichtigste.

In den von uns zu betrachtenden Fällen (digitale Automaten) gibt es eine Besonderheit, die für unsere anzuwendenden Methoden besonders wesentlich ist: die Mengen E,A und S (wenigstens aber die Menge S) bestehen nur aus einer endlichen Anzahl von Elementen. Ein Automat mit dieser Eigenschaft heißt endlicher Automat. Die erste Folgerung aus dieser Annahme ist, daß er dann auch nur endlich viele zulässige Phasen besitzt. Sein Verhalten ist also prinzipiell durch eine aufzählende Liste vollständig beschreibbar. In Abb.1.10 ist eine solche Liste gezeigt.

e	s	's	a
α	1	2	1
γ	1	3	0
β	1	4	0
β	2	2	0
$\alpha \vee \gamma$	2	4	1
$\alpha \vee \beta \vee \gamma$	3	1	1
γ	4	2	0
α	4	3	1
β	4	4	0
β	5	3	0
γ	5	4	0
α	5	5	0

Abb. 1.10

Als Eingangsgrößen (Elemente von E) treten α , β und γ auf. Die Menge S besteht aus 5 Zuständen, die einfach numeriert wurden, und am Ausgang treten die Werte 0 oder 1 als Ausgangsgrößen auf. Diese Phasenliste enthält z.B. die Aussage, daß der Automat aus dem Zustand 4 bei Eingabe von α in den Zustand 3 übergeht und dabei am Ausgang eine 1 abgegeben wird. In der Liste ist die Abkürzung

$$^1s = s(t+1) \tag{6}$$

benutzt worden, die wir im weiteren beibehalten. Aus dem Zustand 3 wird in jedem Falle (Eingabe von α, β oder γ) in den Zustand 1 übergegangen.

Die Phasenliste beschreibt das Verhalten des Automaten vollständig. In praktischen Fällen wird sie u.U. sehr lang und unübersichtlich. Zur Vereinfachung kann man dann annehmen, daß man sich nur für Teile des Verhaltens interessiert. Als Beispiele sind in Abb.1.11 alle Übergänge, die zum Zustand 4 führen, in Abb.1.12 alle Übergänge, die bei Eingabe von β auftreten, angegeben.

Abb. 1.11

e	s	^1s	a
β	1	4	0
$\alpha \vee \gamma$	2	4	1
β	4	4	0
γ	5	4	0

Abb. 1.12

e	s	^1s	a
β	1	4	0
β	2	2	0
β	3	1	1
β	4	4	0
β	5	3	0

Man erkennt darin z.B., daß der Zustand 4 von Zustand 3 aus nicht unmittelbar erreicht werden kann und daß bei Eingabe von β nur die Zustände 2 und 4 ungeändert bleiben.

Wir haben schon gesehen, daß jede Phase durch eine Graphenkante beschrieben werden kann. Setzt man alle Kanten der zulässigen Phasen eines Automaten zusammen, so entsteht der Übergangsgraph des Automaten (Abb.1.13). Als graphische Darstellung ist er selbstverständlich viel anschaulicher als die Phasenliste, aber auch seiner Größe sind Grenzen gesetzt. Er kann nicht un-

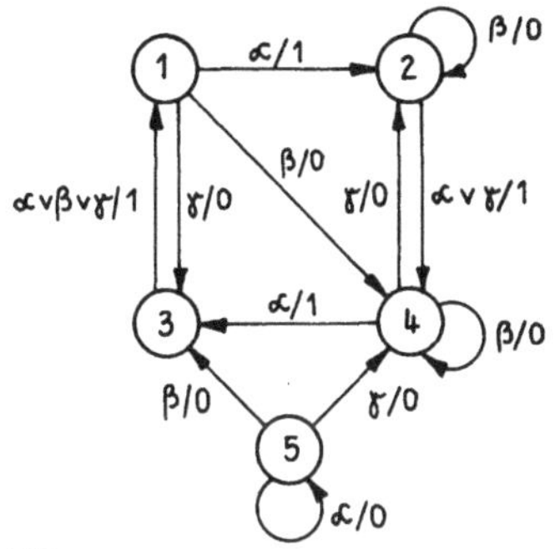

Abb. 1.13

mittelbar im Rechner dokumentiert werden und erfordert zu seiner zeichnerischen Darstellung graphische Mittel und umfangreiche Programme.

Immerhin enthält er genau die gleiche Information über den Automaten wie die Phasenliste. Man prüfe dazu z.B. die oben gewonnenen Aussagen nach!

Weitere gebräuchliche Mittel zur Automatenbeschreibung sind <u>Automatentabellen</u> (Abb.1.14) und <u>Übergangsmatrizen</u> (Abb.1.15). Ihr Entstehungsprinzip ist aus dem Beispiel gut erkennbar. Die Automatentabellen entsprechen der üblichen Tabellenanordnung (zwei Eingangsgrößen; jeweils die Eingangszustände e für die Spalten und die Speicherzustände s für die Zeilen). In der Übergangsmatrix entspricht jedem ausgefüllten Feld eine zulässige Phase. Die Übergänge sind von den Zeilen s zu den Spalten ${}^1s$ zu lesen. Jede Darstellung hat spezifische Vor- und Nachteile in Bezug auf den erforderlichen Aufwand (Speicherkapazität) und die Schwierigkeit der Auswertung (Rechenzeit). Wichtig ist vorläufig nur, daß jede der 4 Darstellungen ohne Informationsverlust in die andere umgeformt werden kann.

Alle Mittel außer der Automatentabelle sind auch zur Beschreibung nichtdeterministischen Verhaltens geeignet. Wir wollen dazu annehmen, daß in unserem Beispiel nur die Signale β oder γ eingegeben werden können, und daß ein Beobachter nur die Speicherzustände, nicht aber den Eingang und Ausgang beobachten kann. Er erkennt dann höchstens das in Abb. 1.16 gezeigte Verhal-

	α	β	γ
1	2	4	3
2	4	2	4
3	1	1	1
4	3	4	2
5	5	3	4

Abb. 1.14 δ- Funktion

	α	β	γ
1	1	0	0
2	1	0	1
3	1	1	1
4	1	0	0
5	0	0	0

λ - Funktion

	1	2	3	4	5
1	Φ	α/1	γ/0	β/0	Φ
2	Φ	β/0	Φ	α∨γ/1	Φ
3	α∨β∨γ/1	Φ	Φ	Φ	Φ
4	Φ	γ/0	α/1	β/0	Φ
5	Φ	Φ	β/0	γ/0	α/0

Abb. 1.15

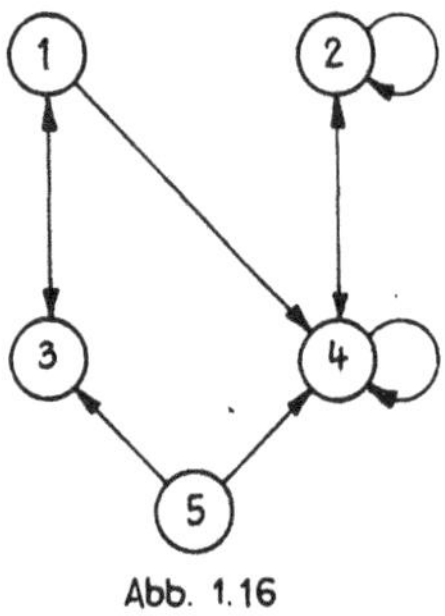

Abb. 1.16

ten, das auch durch die Phasenliste (Abb. 1.17) und die Übergangsmatrix (Abb. 1.18) beschrieben werden kann. Hat der Beobachter nur ein einziges Exemplar des Automaten vor sich, so verringert sich das maximal mögliche Verhalten noch mehr (Warum?).

Ein Automat, der wie im letzten Fall keine oder keine bekannten Eingangssignale hat, heißt <u>autonomer Automat.</u> Die in Abb. 1.18 gezeigte, nur aus Nullen und Einsen bestehende Matrix heißt auch <u>Adjazenzmatrix</u> des Graphen.

s	's
1	3
1	4
2	2
2	4
3	1
4	2
4	4
5	3
5	4

Abb. 1.17

	1	2	3	4	5
1	0	0	1	1	0
2	0	1	0	1	0
3	1	0	0	0	0
4	0	1	0	1	0
5	0	0	1	1	0

Abb. 1.18

1.3. Schaltnetzwerke

Die technische Realisierung eines Automaten kann mit den unterschiedlichsten Mitteln erfolgen. Wohl die verbreitetsten und ältesten autonomen Automaten sind die Uhren, deren schrittweiser Antrieb sogar zu einer endlichen Zustandsmenge führt. Die Kunst des Ingenieurs besteht darin, angemessene Lösungen mit technischer Vollkommenheit zu finden. Dabei muß er auch auf den Stand der Technologie Rücksicht nehmen. So nimmt es nicht wunder, daß noch vor wenigen Jahren mechanische, mit Kurvenscheiben, Lochbändern oder Stiftwalzen versehene Automaten den technischen Höchststand repräsentierten, daß aber heute ohne Nutzung der Mikroelektronik keine Spitzenleistung mehr zu erwarten ist. Das Bindeglied zwischen beiden Stufen bildeten Schaltnetzwerke aus Relais, Röhren und Transistoren, wobei man bald erkannte, daß es zweckmäßig ist, bei der Untersuchung solcher Netzwerke auf technische Einzelheiten (Stromversorgung, Heizung der Röhren) zu verzichten. Es entstanden Schaltbilder wie in Abb.1.19, 1.20 und 1.21. Sie repräsentieren unterschiedliche Klassen von Schaltnetzwerken, die wir im einzelnen betrachten wollen.

Kontaktnetze nach Abb.1.19 sind Vertreter technischer Systeme, in denen "etwas fließt". Das kann elektrischer Strom sein, ebenso können aber auch Flüssigkeits- oder Gasströme (hydraulische und pneumatische Steuerungen), Verkehrsströme, Nachrichtenflüsse und anderes in Betracht kommen. Charakteristisch ist also, daß es im Netz Quellen und Senken der Ströme sowie zeitlich veränderliche Leitwerte in den Zweigen gibt. Für Relaisschaltungen

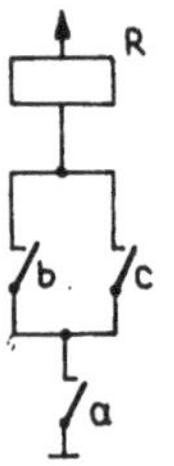

Abb. 1.19

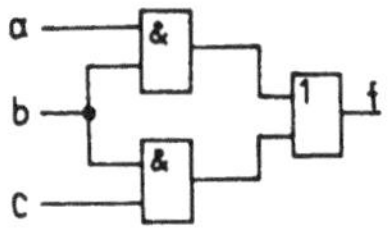

Abb. 1.20

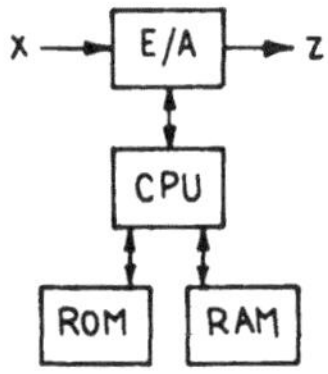

Abb. 1.21

wie in Abb.1.19 nimmt man die "Stromlaufzeit" in den Zweigen als unendlich kurz an. In anderen Fällen werden auch Verzögerungen, Hindernisse (Kantengewichte), Richtungsabhängigkeiten (Dioden im Zweig) und weitere Eigenschaften zu untersuchen sein. Zur Analyse und Synthese solcher Netze werden wir BOOLEsche Gleichungen und Matrizen einsetzen.

Das Netz in Abb.1.20 bezeichnen wir als <u>Gatternetz.</u> Es repräsentiert ein technisches System, in dem Bauelemente mit Operatorcharakter auftreten. Die Elemente besitzen genau zu unterscheidende Ein- und Ausgänge, und die Werte an den Ausgängen ergeben sich aus den Eingangsgrößen. Als Elemente (Gatter) können ganze Automaten auftreten. Durch die grundlegende Vereinbarung über die Wirkungsrichtung in den Gattern erhält das gesamte Netz festliegende Orientierungen. Im Netz fließen keine Ströme, es gibt weder Quellen noch Senken. Dagegen können relativ komplizierte Operatorensysteme der Gestalt

$$\begin{aligned} a_1 &= Op_1(e_{1_1},\ldots,e_{1_{k_1}}), \\ &\vdots \\ a_n &= Op_n(e_{n_1},\ldots,e_{n_{k_n}}) \end{aligned} \tag{1}$$

stets durch ein Gatternetz beschrieben werden. Die Netzstruktur selbst wird durch die Verwendung von Ausgangssignalen als Eingänge anderer Elemente bestimmt. Offenbar wird durch diesen Netztyp schon ein enger Bezug zu "rechnenden" (wertbestimmenden) Systemen vorbereitet.

Das Netz in Abb.1.21 ist von einem Gatternetz in mehrerer Hinsicht zu unterscheiden. Zunächst ist es wesentlich weniger normiert, die Elemente sind nur grob funktionell beschrieben. Außerdem gibt es keine genaue Trennung zwischen Eingängen und Ausgängen der Elemente. Trotz dieser Ungenauigkeiten erscheint es dem Schaltungsfachmann nicht fremd oder widersinnig. Er könnte eine Interpretation und mögliche Anwendungen nennen. Für ein solches Blockschaltbild ist die Beschreibungsunschärfe ein Vorteil, der aber durch den Nachteil schlechter mathematischer Modellierbarkeit erkauft wird. Blockschaltbilder werden z.B. bei der Untersuchung von Automatennetzen genutzt und durch nichtdeterministische Automaten beschrieben.

Die gezeigten Beispiele legen es nahe, verallgemeinernd von Strukturgraphen zu sprechen. In jedem Falle fanden wir Knoten vor, die durch Kanten verbunden waren. Die Kanten bedeuteten Leitwerte, Zuordnungen oder Kausalitätsbeziehungen, sie konnten gerichtet oder ungerichtet sein. Für Kontaktnetze und Gatternetze gibt es gut ausgebaute Entwurfstheorien und bewährte Algorithmen. Blockschaltbilder werden vorrangig empirisch entworfen und anschließend mit genaueren Mitteln analysiert.

In den Graphen aus Abb.1.1 und Abb.1.2 erkennen wir Vertreter der Kontaktnetze (Eisenbahnstrecken als leitende Verbindung) und Gatternetze (Feuerwehrmann als gerichtetes Übertragungselement).

1.4. Programme

Der Graph in Abb.1.3 beschreibt ein Verhalten. Es wird dabei angenommen, daß es eine Möglichkeit gibt, gerade dieses Verhalten durch ein technisches System (einen Automaten, dessen Struktur z.B. durch ein Kontaktnetz, ein Gatternetz oder ein Blockschaltbild beschrieben ist) zu realisieren. Gilt diese Annahme, dann kann man sich oft auf die Betrachtung des Verhaltens allein beschränken. Zu seiner Beschreibung werden verschiedene Arten von Graphen benutzt, aber auch andere Formen der Verhaltensbeschreibung wie z.B. Befehlsfolgen in Programmiersprachen, Entscheidungsbäume, Entscheidungstabellen und qualitative Kennzeichnungen wie "Zähler" sind gebräuchlich. Diese Vielfalt hat praktische Gründe und muß anerkannt werden. Es ist nicht zweckmäßig, in allen Etappen des Verhaltensentwurfs mit dem gleichen sprachlichen Mittel zu arbeiten, aber es muß Übersetzungsmöglichkeiten geben.

In den meisten Fällen ist es möglich, im betrachteten System "Zustände" zu definieren, in denen das System verweilt und deren Folge durch die Aufgabenstellung festgelegt wird. Ist das der Fall, so kann das Automatenmodell aus Abschnitt 1.2. angewandt werden. Die dabei auftretenden Graphen (vgl. Abb.1.3 und 1.13) beschreiben die möglichen Übergänge zwischen den Zuständen und sollen Übergangsgraphen heißen. Sie dienen in der Praxis am häufigsten als Vorstufe zum Strukturentwurf. In jedem Zustand ist die Grundaufgabe des Automatenmodells zu lösen: Festlegen des nächsten Zustandes und des Ausgangssignals. Die Art und Weise der Lösung dieser Aufgabe läßt Raum für viele Varianten, von denen einige grob skizziert werden sollen:

Programmablaufplan (PAP): Es gibt Entscheidungskästchen und Anweisungskästchen (Abb.1.22). Anweisungskästchen legen auszugebende Signale fest. Entscheidungskästchen bestimmen den Weg durch den PAP. Sie können in unterschiedlichen Formen auftreten und zu ihrem Durchlaufen kann (muß jedoch nicht) Zeit vorgesehen werden (vgl. Abschn. 4.6.).

Steuergraph: In dieser von Wissenschaftlern des ZKI der AdW der DDR entwickelten Darstellung werden dem Nutzer viele Freiheiten eingeräumt. Grundsätzlich wird wie bei PAP vorgegangen, jedoch können die Entscheidungen lokal sehr verschieden in Bezug auf die zu prüfenden Variablen sein, und durch die Angabe von Definitionsbereichen für die Eingangssignale kann die Formulierung erleichtert werden. Zu Einzelheiten vergleiche man /22/.

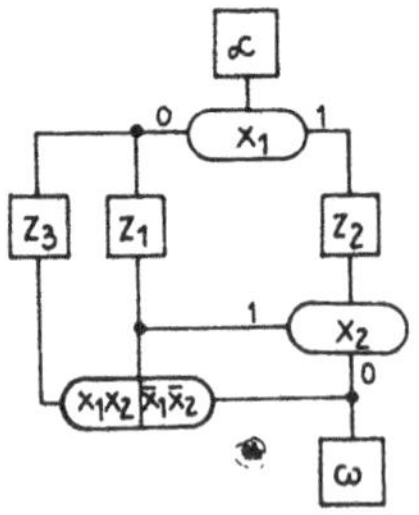

Abb. 1.22

PETRI-Netze: Diese Form der Verhaltensbeschreibung wurde 1962 mit der speziellen Absicht vorgeschlagen, auch konkurrierende (parallele) Abläufe mit darstellen zu können. Es handelt sich um Graphen mit zwei Knotenarten (Plätze und Transitionen), deren Rolle mit den Anweisungs- und Entscheidungskästchen des PAP vergleichbar ist. Im Graphen bewegen sich gedachte Marken, deren Bewegungsmöglichkeiten durch die Netzstruktur und weitere Restriktionen bestimmt sind. Zu ihrer Theorie und Anwendung ziehe man z.B. /28/ zu Rate.

Programmablaufgraphen: Durch eine im Vergleich zu PAP strengere und damit genauere Syntax gelang es Wissenschaftlern der TH Ilmenau, ein Mittel zur Verhaltensbeschreibung zu entwickeln, das trotz leichter Verständlichkeit und Anschaulichkeit formal so sicher ist, daß es zum Werkzeug vieler Entwerfer wurde. Die Theorie und Methodik ist z.B. in /14/ umfassend dargestellt.

Wir stellen uns nicht die Aufgabe, diese und andere Beschreibungsmittel auf ihre Leistungsfähigkeit zu vergleichen. Persönliche Gewohnheiten können hier u.U. gewichtiger als theoretische Überlegungen sein. Das von uns später (Abschn. 4.6.) genutzte Modell wird einige der Eigenschaften der genannten Arbeitsmittel kombinieren.

Wichtig für die Verhaltensbeschreibung sind auch durch die Erfahrungen mit höheren Programmiersprachen entstandene Wege. Sehr bewährt haben sich die Grundgedanken der Strukturierten Programmierung, bei der nur die Entscheidungsoperatoren IF X THEN Z_1 ELSE Z_2, CASE i $(Z_1,\ldots,Z_N)$ und WHILE X DO Z zugelassen sind. Sie lassen sich als Teilverhaltensweisen von Automaten (zulässige Phasen aus dem Gesamtverhalten) interpretieren und so in das Automatenmodell einfügen (Abb.1.23, durch die Festlegung auf MOORE- oder MEALY-Automaten können noch geringe Abweichungen entstehen). Das gleiche gilt für die Entscheidungstabellen /10/, die der sequentiellen Entscheidungsfindung in Rechnern sehr entgegenkommen.

Trotz dieser Vielzahl mehr oder weniger bewährter Beschreibungsmittel gibt es noch viele offene Probleme bei der Verhaltensbeschreibung. Das betrifft besonders die qualitative Seite des Verhaltens (Fragen der Stabilität, Fehler- und Rückkehrsicherheit, Zyklen- und Blockierungsfreiheit u.a.), die Verhaltensanalyse im Falle großer und komplexer Systeme und Teilsysteme

IF X THEN Z1 ELSE Z2:

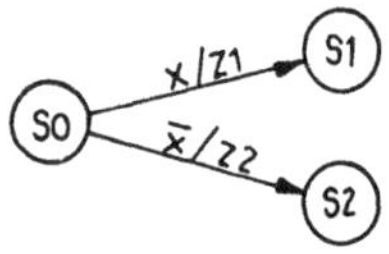

e	s	¹s	a
x	S0	S1	Z1
x̄	S0	S2	Z2

CASE i (Z1, ..., ZN):

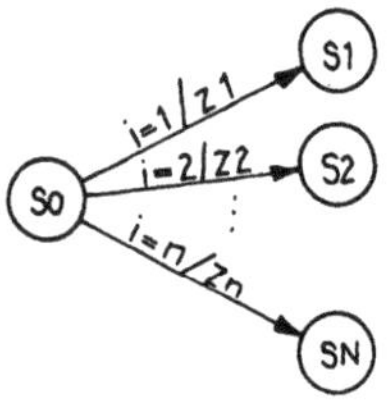

e	s	¹s	a
1	S0	S1	Z1
2	S0	S2	Z2
⋮	⋮	⋮	⋮
n	S0	SN	ZN

WHILE X DO Z:

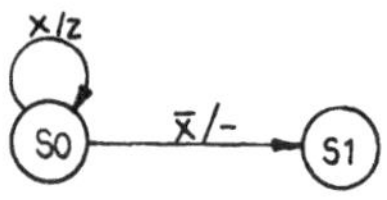

e	s	¹s	a
x	S0	S0	Z
x	S0	S1	–

Abb. 1.23

(Netze aus hochintegrierten Bausteinen) und die Verhaltensdarstellung durch den Rechner für den Menschen als Ergebnis einer Automatenanalyse.

2. Binäre Funktionen und Gleichungen

2.1. Binäre Räume

Bei der Beschreibung von Automaten trafen wir viele Formen an, die über die Natur der Größen e, a und s nichts voraussetzten. Der Wunsch, eine einheitliche Darstellungsform zu benutzen, führte aber zusammen mit einigen theoretischen und praktischen Gründen dazu, binäre (zweiwertige) Größen als verbreitetstes Mittel zur mathematischen Beschreibung digitaler Automaten einzuführen. Die Kenntnis der elementaren Operationen Konjunktion (UND), Disjunktion (ODER) und Negation (NICHT), ihrer Kombinationen und Eigenschaften kann deshalb heute vorausgesetzt werden. Etwas weniger bekannt ist die Antivalenz-Operation (Exklusiv-Oder), deren wichtigste Eigenschaften wir kurz darstellen wollen. Wir benutzen die Symbole

Konjunktion:	$a \wedge b$, ab,
Disjunktion:	$a \vee b$,
Negation:	$\bar{a}$,
Antivalenz:	$a \nsim b$.

Es gelten dann folgende, im weiteren wesentliche Beziehungen:

$$a \nsim b = \bar{a}b \vee a\bar{b}, \qquad (1)$$

$$a \nsim 0 = a, \qquad a \nsim 1 = \bar{a}, \qquad (2,3)$$

$$a \nsim a = 0, \qquad a \nsim \bar{a} = 1, \qquad (4,5)$$

$$a \nsim b = b \nsim a, \qquad (6)$$

$$a \nsim (b \nsim c) = (a \nsim b) \nsim c = a \nsim b \nsim c, \qquad (7)$$

$$a(b \nsim c) = ab \nsim ac, \qquad (8)$$

$$\overline{a \nsim b} = 1 \nsim a \nsim b = \bar{a} \nsim b = a \nsim \bar{b}, \qquad (9)$$

$$a \vee b = a \nsim b \nsim ab. \qquad (10)$$

Außerdem sind die drei folgenden Sätze für uns von großer Bedeutung:

- Aus der Gleichung

$$a \nsim x = b$$

folgt

$$x = a \nsim b. \qquad (11)$$

(Umkehrbarkeit, man kann "Glieder auf die andere Seite der Gleichung bringen".)

- Eine aus n Gliedern bestehende Antivalenz-Summe sei

$$\sum_{i=1}^{n} a_i = a_1 \nsim a_2 \nsim \ldots \nsim a_n. \qquad (12)$$

Sie besitzt genau dann den Wert 1, wenn eine ungerade Zahl der Glieder den Wert 1 hat.

- Gilt für die einzelnen Glieder a_i und a_j ($i \neq j$) die Bedingung

$$a_i \wedge a_j = 0 , \tag{13}$$

so heißen die Glieder orthogonal, und es folgt:

$$a_1 \not\sim a_2 \not\sim \ldots \not\sim a_n = a_1 \vee a_2 \vee \ldots \vee a_n , \tag{14}$$

d.h.

$$\sum_{i=1}^{n}\!\!\!\!\!\bigcirc\; a_i = \bigvee_{i=1}^{n} a_i \, . \tag{15}$$

Zu weiteren Eigenschaften vergleiche man /3/ und /6/.

Nur durch die Anwendung genügend vieler binärer Größen kann die Vielfalt der praktischen Probleme erfaßt werden. Es ist zweckmäßig, sie zu Binärvektoren zusammenzufassen.

$$\underline{a} = (a_1, a_2, \ldots, a_n) \qquad a_i \in \{0,1\} \, . \tag{16}$$

Ein solcher Vektor kann 2^n verschiedene Werte, von (0,0,...,0) bis (1,1,...,1), annehmen. Für den Fall n=3 ergibt sich eine anschauliche Würfeldarstellung (Abb.2.1), bei der a_1, a_2 und a_3 als Koordinaten aufgefaßt werden. Es liegt nahe, alle 2^n Vektoren aus (16) als Punkte eines entsprechenden n-dimensionalen Raumes aufzufassen, den wir als BOOLEschen (binären) Raum B^n bezeichnen:

$$B^n = \left\{ \underline{a} \mid \underline{a} = (a_1, a_2, \ldots, a_n), \; a_i \in \{0,1\} \right\} . \tag{17}$$

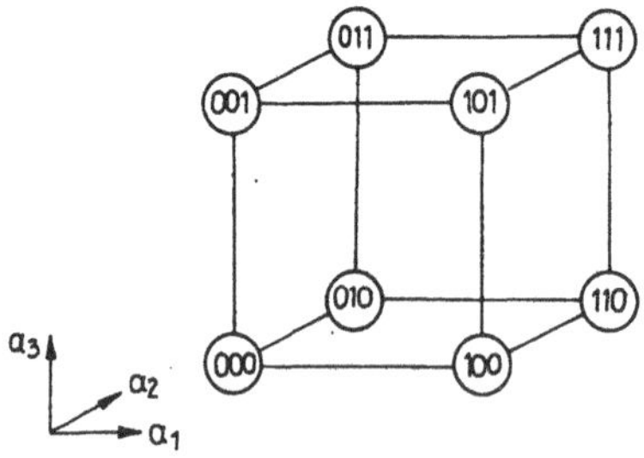

Abb. 2.1

Die oben benutzten Operationen übertragen wir auf Binärvektoren gleicher Länge durch die Festlegung, daß sie stellenweise ausgeführt werden sollen. Es seien z.B. die Vektoren $\underline{a}$ =(00101) und $\underline{b}$ =(01110) aus B^5 zu verknüpfen. Wir erhalten dann

$$\underline{a} \wedge \underline{b} = (0\ 0\ 1\ 0\ 0),$$
$$\underline{a} \vee \underline{b} = (0\ 1\ 1\ 1\ 1),$$
$$\underline{a} \not\sim \underline{b} = (0\ 1\ 0\ 1\ 1),$$
$$\bar{\underline{a}} = (1\ 1\ 0\ 1\ 0).$$

Alle Gesetze der BOOLEschen Algebra (d.h. alle Eigenschaften der Operationen) bleiben bei dieser Verallgemeinerung ungeändert.

Soll eine Menge von Binärvektoren beschrieben werden, so kann das z.B. durch eine aufzählende Liste geschehen, die jeden Binärvektor enthält (Abb.2.2a). Zur Abkürzung kann man vereinbaren, daß Binärvektoren, die sich nur in einer Stelle unterscheiden, zu einer Zeile zusammengefaßt werden, die an dieser Stelle das Zeichen - enthält. Dieses Verfahren kann dann noch für weitere Stellen wiederholt werden. In unserem Beispiel sind (0101) und (0100) zu (010-) zusammengefaßt worden, und die letzten 4 Zeilen können durch (1-1-) ersetzt werden. Es entsteht dann die <u>Ternärvektorliste</u> (TVL) nach Abb.2.2b. Durch eine andere Zusammenfassung gelangen wir zu Abb.2.2c. Zur ursprünglichen <u>Binärvektorliste</u> (BVL) können wir zurückkehren, indem wir für die Strichsymbole alle möglichen Kombinationen aus 0 und 1 einsetzen. In diesem Sinne sind alle 4 Listen in Abb.2.2 äquivalent. Die TVL in Abb.2.2d enthält jedoch den Binärvektor (0101) in der ersten und in der zweiten Zeile. Wir wollen TVL, die je-

a_1	a_2	a_3	a_4
0	0	0	1
0	1	0	1
0	1	0	0
1	1	1	1
1	0	1	1
1	1	1	0
1	0	1	0

a)

a_1	a_2	a_3	a_4
0	0	0	1
0	1	0	-
1	-	1	-

b)

a_1	a_2	a_3	a_4
0	1	0	0
0	-	0	1
1	-	1	-

c)

a_1	a_2	a_3	a_4
0	-	0	1
0	1	0	-
1	-	1	-

d)

Abb. 2.2

den Binärvektor höchstens in einer Zeile enthalten, als orthogonalisiert bezeichnen. Jede TVL kann orthogonalisiert werden, meist sogar in verschiedenen Formen. Ternärvektorlisten sind ein sehr effektives Mittel zur Ausführung von Rechnungen in BOOLEschen Räumen /16/. Für die rechnerinterne Verarbeitung hat die orthogonalisierte Darstellung große Vorteile /24, 25/, sie führt zu speicher- und rechenzeitgünstigen Algorithmen. Wir wollen hier nur zwei Mengenalgorithmen betrachten, die häufig benötigt werden. Die Vereinigung zweier Mengen von Binärvektoren ist einfach dadurch zu erreichen, daß die TVL oder BVL untereinander geschrieben werden und so eine Gesamtliste bilden. Anschließend kann eine erneute Orthogonalisierung oder Zusammenfassung von Zeilen erfolgen. Der Durchschnitt zweier TVL besteht aus allen Binärvektoren, die zu beiden Mengen gehören. Zu seiner Berechnung ist jede Zeile der ersten mit jeder Zeile der zweiten TVL stellenweise zu verknüpfen, wobei die Verknüpfungstabelle aus Abb. 2.3 zu benutzen ist. Dabei bedeutet das Auftreten von ! , daß die beiden verknüpften Zeilen orthogonal sind und keinen Beitrag zum Durchschnitt liefern. In Abb.2.4 wird die oben benutzte TVL mit einer gegebenen verknüpft und der Durchschnitt beider angegeben.

Enthält eine TVL-Zeile k Strichelemente, so repräsentiert sie 2^k Binärvektoren oder auch 2^k Punkte des BOOLEschen Raumes B^n. Diese bilden einen Unterraum von B^n, den man sich auch durch Festlegen der Nicht-Strichelemente auf die jeweiligen Werte 0

	0	1	–
0	0	!	0
1	!	1	1
–	0	1	–

Abb. 2.3

a_1 a_2 a_3 a_4		a_1 a_2 a_3 a_4		a_1 a_2 a_3 a_4
0 0 0 1	$\cap$	1 – – 1	=	1 – 1 1
0 1 0 –		0 0 0 –		0 0 0 1
1 0 1 –				

Abb. 2.4

oder 1 erzeugt denken kann. So beschreibt z.B. die Zeile (1--) in Abb.2.1 die rechte Seitenfläche des Würfels. Die so entstandenen Unterräume sind ebenfalls BOOLEsche Räume, jedoch kleinerer Dimension. In der Literatur sind dafür auch die Bezeichnungen Kuben (Hyperkuben) und Subkuben gebräuchlich.

Für manche Probleme und Darstellungen ist es erforderlich, alle Binärvektoren aus B^k in einer linearen Anordnung zu schreiben. Dabei bevorzugt man zwei Formen, die als Dualkode und GRAY-Kode bezeichnet werden (Abb.2.5).

x_2	x_1	x_0		x_2	x_1	x_0
0	0	0	0	0	0	0
0	0	1	1	0	0	1
0	1	0	2	0	1	1
0	1	1	3	0	1	0
1	0	0	4	1	1	0
1	0	1	5	1	1	1
1	1	0	6	1	0	1
1	1	1	7	1	0	0

Dualkode GRAY-Kode

Abb. 2.5

Im ersten Fall werden die Nullen und Einsen des Binärvektors als Stellen einer Dualzahl aufgefaßt, deren Dezimaläquivalent die Reihenfolge der Vektoren bestimmt. Der GRAY-Kode entsteht nach einer periodischen Vorschrift, die zur Folge hat, daß sich von einem Binärvektor zum folgenden immer nur eine Stelle ändert. Für noch größere Variablenzahlen benutzt man zweidimensionale Anordnungen der Binärvektoren (Abb.2.6), die als KARNAUGH-Plan (KP) bezeichnet und vielseitig verwendet werden. Man vergleiche in der Abbildung die mit 1 gekennzeichneten Binärvektoren mit den TVL ! In einem KARNAUGH-Plan erfolgt die Anordnung der Binärvektoren (Koordinaten) grundsätzlich im GRAY-Kode, um die Nachbarschaftsbeziehungen günstig erkennen und nutzen zu können.

2.2. Binäre Funktionen

Eine binäre Funktion ist eine eindeutige Abbildung aller Binärvektoren von B^k in B:

$$f : B^k \rightarrow B . \qquad (1)$$

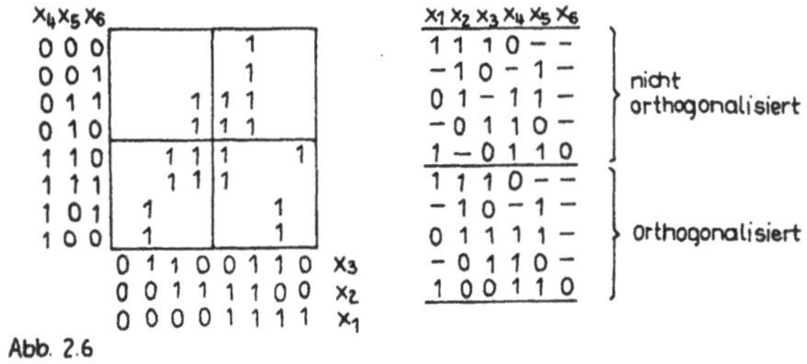

Abb. 2.6

Durch sie wird jedem Vektor $\underline{x} = (x_1, x_2, \ldots, x_k)$ ein Funktionswert $f(\underline{x}) = f(x_1, x_2, \ldots, x_k)$ zugeordnet, der ebenfalls binär ist.

Binäre Funktionen können auf verschiedene Weise beschrieben werden. Wir werden zur Beschreibung Formelausdrücke, KARNAUGH-Pläne (seltener andere tabellarische Formen) und Ternärvektorlisten benutzen. Formelausdrücke entstehen unter Benutzung der im Abschnitt 2.1. angegebenen Operatoren. Als Beispiel seien

$$f = \bar{a}bc \vee a\bar{c}d \vee \bar{a}\bar{b}\bar{c} \qquad \text{und}$$

$$g = (a \vee c)(b \vee d)$$

angegeben. Sie stellen Berechnungsvorschriften für den Wert von f und g dar, denen Programmabschnitte oder (nach den Methoden der Schaltalgebra) Schaltnetzwerke zugeordnet werden können /3/. Unter Verwendung von Klammern wird auch in komplizierteren Fällen die Eindeutigkeit der Berechnungsvorschrift erreicht:

$$h = (a \sim bc) \vee \overline{(c \vee \bar{a}d)}b \,.$$

Für die praktische Arbeit sind jedoch möglichst einfache Formen zu bevorzugen. Aus diesem Grund wurden zahlreiche Vereinfachungsverfahren entwickelt, die in den meisten Fällen (wenigstens gedanklich) mit tabellarischen Darstellungen arbeiten. Wir wollen deshalb auch den Übergang zu solchen Formen versuchen. Im Fall der Funktion f ist das einfach. Die Funktion ist gleich 1, wenn wenigstens eine der Konjunktionen den Wert 1 liefert. Für diese erkennen wir

$$\bar{a}bc = 1 \qquad \text{für } a=0,\ b=1,\ c=1,$$

$a\bar{c}d = 1$ für $a=1,\ c=0,\ d=1,$

$\bar{a}\bar{b}\bar{c} = 1$ für $a=0,\ b=0,\ c=0.$

Die 1-Felder der Funktion werden im KP gekennzeichnet (Abb.2.7).

c d	f					g					h			
0 0	1	0	0	0		0	0	1	0		0	1	1	1
0 1	1	0	1	1		0	0	1	1		0	0	1	1
1 1	0	1	0	0		1	1	1	1		0	1	0	1
1 0	0	1	0	0		0	1	1	0		0	1	0	1
b	0	1	1	0										
a	0	0	1	1										

ob. 2.7

Bei der Funktion g empfiehlt sich das "Ausmultiplizieren" der Klammern nach dem Distributivgesetz:

$g = ab \vee ad \vee bc \vee cd.$

Anschließend kann wie bei f verfahren werden:

$ab = 1$ für $a=1,\ b=1,$

$ad = 1$ für $a=1,\ d=1,$

$bc = 1$ für $b=1,\ c=1,$

$cd = 1$ für $c=1,\ d=1.$

Langwieriger sind die Umformungen bei der Funktion h:

$h = (a \nsim bc) \vee \bar{c}(a \vee \bar{d})b$ (Satz von De MORGAN)

$= \bar{a}bc \vee a\overline{bc} \vee \bar{c}(a \vee \bar{d})b$ nach (2.1.-1)

$= \bar{a}bc \vee a(\bar{b} \vee \bar{c}) \vee \bar{c}(a \vee \bar{d})b$ (Satz von De MORGAN)

$= \bar{a}bc \vee a\bar{b} \vee a\bar{c} \vee ab\bar{c} \vee b\bar{c}\bar{d}$ (Distributivgesetz).

Als Ergebnis erhielten wir in jedem Fall eine Disjunktion von Konjunktionen. Eine solche Form einer binären Funktion heißt <u>disjunktive Form</u> (DF). Jeder Funktion kann wenigstens eine DF zugeordnet werden. Die Funktion g war ursprünglich als Konjunktion von Disjunktionen (<u>konjunktive Form</u>, KF) gegeben und wurde in eine DF umgeformt.

In Abb.2.7 sind die Funktionswerte im KP eingetragen. Die zum Funktionswert 1 gehörenden TVL beschreiben die Funktionen ebenfalls eindeutig (Abb.2.8).

D(f), A(f):

a	b	c	d
0	1	1	-
1	-	0	1
0	0	0	-

D(g):

a	b	c	d
1	1	-	-
1	-	-	1
-	1	1	-
-	-	1	1

D(h):

a	b	c	d
1	0	-	-
1	-	0	-
0	1	-	0
0	1	1	-

D(g), A(g):

a	b	c	d
1	1	-	-
1	0	-	1
0	1	1	-
0	0	1	1

D(h), A(h):

a	b	c	d
1	0	-	-
1	1	0	-
0	1	-	0
0	1	1	1

D(g), D(h): nicht orthogonal; D(g), A(g), D(h), A(h): orthogonal

Abb. 2.8

Wir erkennen einen unmittelbaren Zusammenhang mit den DF, der zu folgendem Algorithmus führt:

Eintragen einer DF in einen KP: (A1)

1. Es wird eine TVL erzeugt, in der jeder Konjunktion eine Zeile entspricht. Dabei wird für eine negierte Variable 0, für eine nicht negierte 1 und für eine fehlende - geschrieben.
2. Die zur TVL gehörenden Binärvektoren werden im KP mit 1 gekennzeichnet.
3. Alle übrigen Binärvektoren erhalten den Funktionswert 0.

Will man nur die TVL erhalten, so genügt Schritt 1. Umgekehrt kann man so auch zu einer TVL einen Funktionsausdruck gewinnen, der für die Funktion h lautet:

$$h = a\bar{b} \vee a\bar{c} \vee \bar{a}b\bar{d} \vee \bar{a}bc \ .$$

Der gezeigte Weg der Umformung und teilweisen Vereinfachung von Funktionsdarstellungen genügt für unsere Zielstellungen. Es soll nur noch eine Erweiterung mit Hilfe der Antivalenz-Operation vorgenommen werden.

Die nach A1 gewonnenen TVL bezeichnen wir mit D(f), D(g), D(h). Sind die Zeilen innerhalb einer TVL orthogonal, so kann nach (2.1.-15) für das v-Zeichen das $\not\sim$ -Zeichen geschrieben werden. Für die Funktion f trifft das zu, und wir können schreiben

$$f = \bar{a}bc \sim a\bar{c}d \sim \bar{a}\bar{b}\bar{c} .$$

Für g und h müssen erst orthogonale TVL gewonnen werden (Abb.2.8), die dann ebenfalls mit dem $\sim$-Zeichen geschrieben werden:

$$g = ab \sim a\bar{b}d \sim \bar{a}bc \sim \bar{a}\bar{b}cd ,$$
$$h = a\bar{b} \sim ab\bar{c} \sim \bar{a}\bar{b}\bar{d} \sim \bar{a}bcd .$$

Ternärvektorlisten, die nach dem in A1 beschriebenen Prinzip einer solchen Antivalenzform (AF) zugeordnet werden (auch bei fehlender Orthogonalität), bezeichnen wir mit A(f), A(g), A(h). Im Fall der Orthogonalität gilt jedoch die wichtige Eigenschaft

$$A(f) = D(f) . \tag{2}$$

Es lassen sich noch weitere Formen von TVL, Umformungsregeln und Algorithmen angeben, die das angemessene Werkzeug für viele Probleme des logischen Schaltungsentwurfes und anderer Anwendungsbereiche der binären Mathematik bilden /16, 24/, auf die wir hier jedoch verzichten.

Sind mehrere Funktionen der gleichen Variablen gegeben, so spricht man von einem Funktionenbündel. Mathematisch gesehen handelt es sich um ein Gleichungssystem

$$\begin{aligned} y_1 &= f_1(x_1,\dots,x_k) , \\ &\vdots \\ y_n &= f_n(x_1,\dots,x_k) , \end{aligned} \tag{3}$$

für das wir auch kurz

$$\underline{y} = f(\underline{x}) \tag{4}$$

schreiben. Im Sinne der Abbildung gilt jetzt

$$f : B^k \longrightarrow B^n . \tag{5}$$

Jedem Binärvektor der Länge k wird ein Binärvektor der Länge n als Bild zugeordnet. Schaltungstechnisch wird dadurch z.B. ein kombinatorisches Netzwerk mit k Eingängen und n Ausgängen beschrieben. Eine einzelne Funktion teilt B^k in zwei Unterräume (für f=0 und f=1). Wir bezeichnen sie in diesem Sinn als charakteristische Funktion des Unterraumes, in dem f=1 ist. Charakteristische Funktion und Unterraum sind einander eineindeutig zugeordnet. Bei einem Funktionenbündel sind die Einteilungsmöglichkeiten vielgestaltiger. Es kann bis zu 2^n verschiedene Unterräume in B^k geben, die durch die jeweiligen Werte der $f_1, \ldots, f_n$ gekennzeichnet sind.

2.3. Binäre Gleichungen

Gleichungen entstehen durch Gleichsetzen zweier Funktionen:

$$f(\underline{x}) = g(\underline{x}) \; . \tag{1}$$

Lösungen der Gleichung sind alle Vektoren $\underline{x}$, die die Gleichung identisch erfüllen, für die also entweder $f = g = 0$ oder $f = g = 1$ gilt. Unter Benutzung von (2.1.-11) kann statt (1) auch

$$f(\underline{x}) \sim g(\underline{x}) = 0 \tag{2}$$

geschrieben werden, und mit

$$h(\underline{x}) = f(\underline{x}) \sim g(\underline{x}) \tag{3}$$

wird die homogene Gleichung

$$h(\underline{x}) = 0 \tag{4}$$

ebenfalls äquivalent zu (1), d.h., die Lösungsmengen von (1), (2) und (4) stimmen überein. Homogene Gleichungen sind damit der allgemeine Fall binärer Gleichungen. Ihre Nullstellen (die $\underline{x}$ mit $h(\underline{x}) = 0$) bilden die Lösungsmenge der Gleichung.

Im Abschnitt 2.1. betrachteten wir schon Gleichungssysteme der Form

$$\underline{y} = f(\underline{x}). \tag{5}$$

Im Unterschied zu impliziten Gleichungen wie (1) oder (4) bezeichnen wir sie als explizite Gleichungen. Sie dienen dazu, durch die Funktionen f den Größen $\underline{y}$ ihre Werte in Abhängigkeit von den $\underline{x}$ zuzuweisen.

Für die praktische Anwendung dienen explizite Gleichungen und Gleichungssysteme vorrangig dieser Wertzuweisungs- oder Abbildungsaufgabe und beschreiben z.B. in Automaten den Folgezustand oder die Ausgangsgrößen. Technisch werden sie durch kombinatorische Schaltungen, Speicher und Speicherelemente oder durch schleifenfreie Programmstücke realisiert.

Implizite Gleichungen kennzeichnen Mengen von Binärvektoren (ihre Lösungsmengen), also Unterräume in B^k. Sie dienen zur Beschreibung von Nebenbedingungen der Form "Es ist verboten, daß $h(\underline{x}) = 1$ ist !" mit der Bedeutung, daß nur die Punkte $\underline{x}$, die zur Lösungsmenge gehören, als zulässig angesehen werden. So entspricht die Gleichung

$$x_i \, x_j = 0 \qquad (i \neq j) \tag{6}$$

der Bedingung, daß x_i und x_j nie gleichzeitig 1 sind, also orthogonal zueinander sind.

Es sei durch

$$\begin{aligned} h_1(\underline{x}) &= 0, \\ &\vdots \\ h_n(\underline{x}) &= 0 \end{aligned} \tag{7}$$

ein implizites Gleichungssystem gegeben. Es ist durch diejenigen Lösungsvektoren $\underline{x}$ erfüllt, für die alle Funktionen h_i den Wert 0 ergeben. Wir können damit das Gleichungssystem (7) durch eine einzige Gleichung

$$h(\underline{x}) = \bigvee_{i=1}^{n} h_i(\underline{x}) = 0 \tag{8}$$

ersetzen.

Gehen wir von einem expliziten Gleichungssystem

$$\begin{aligned} y_1 &= f_1(\underline{x}), \\ &\vdots \\ y_n &= f_n(\underline{x}) \end{aligned} \tag{9}$$

aus, so läßt sich dieses zunächst homogenisieren und damit in die Form (7) bringen:

$$\begin{aligned} y_1 \sim f_1(\underline{x}) &= 0 , \\ &\vdots \\ y_n \sim f_n(\underline{x}) &= 0 . \end{aligned} \tag{10}$$

Anschließend ersetzen wir (10) durch eine einzige Gleichung nach (8):

$$\bigvee_{i=1}^{n} (y_i \sim f_i(\underline{x})) = 0 . \tag{11}$$

Die linke Seite von (11) ist eine Funktion $F(\underline{x}, \underline{y})$, und die Nullstellen der Gleichung

$$F(\underline{x}, \underline{y}) = 0 \tag{12}$$

sind gerade diejenigen Vektoren $(x_1, x_2, \ldots, x_k, y_1, y_2, \ldots, y_n)$, die einander durch das Anweisungssystem (9) zugeordnet werden.

Von diesem Gedankengang werden wir noch mehrfach Gebrauch machen. In einem einfachen Beispiel seien die Zusammenhänge dargestellt.

Gegeben seien die Gleichungen

$$y_1 = x_1 \nsim x_2 ,$$
$$y_2 = x_1 x_2 .$$

Die durch sie definierte Zuordnungsvorschrift ist in der linken Tabelle in Abb.2.9 gezeigt. Durch Homogenisierung entsteht zunächst

$$y_1 \nsim x_1 \nsim x_2 = 0 ,$$
$$y_2 \nsim x_1 x_2 = 0$$

und schließlich die zusammengefaßte Gleichung

$$F(x_1,x_2,y_1,y_2) = (y_1 \nsim x_1 \nsim x_2) \vee (y_2 \nsim x_1 x_2) = 0.$$

$x_1 x_2$	$y_1 y_2$
0 0	0 0
0 1	1 0
1 1	0 1
1 0	1 0

$y_1 y_2$	$F(x_1, x_2, y_1, y_2)$			
0 0	0	1	1	1
0 1	1	1	0	1
1 1	1	1	1	1
1 0	1	0	1	0
x_2	0	1	1	0
x_1	0	0	1	1

Abb. 2.9

Die Werte von $F(\underline{x}, \underline{y})$ sind im KP in Abb.2.9 eingetragen. Man erkennt leicht in den Nullstellen die Vektoren aus der Tabelle. Die Eindeutigkeit der ursprünglichen Zuordnungsvorschrift bewirkt, daß sich in jeder Spalte genau eine Nullstelle (in der Zeile des Ergebnisvektors $\underline{y}$) befindet. Offenbar muß eine Gleichung der Form (12) diese Eigenschaft nicht unbedingt besitzen, sondern nur, wenn es zu ihr ein lösungsäquivalentes Gleichungssystem (9) gibt. Der Übergang von (12) zu (9) wird als Auflösung der Gleichung (12) nach den Variablen $\underline{y}$ bezeichnet. Die Theorie der Auflösung BOOLEscher Gleichungen wurde in /23/ vollständig behandelt und in /6/ für viele Zwecke benutzt. Wir wollen hier nur ein praktikables Auflösungsverfahren angeben und es im Abschnitt 2.4. noch durch ein Kriterium der Auflösbarkeit ergänzen.

Wir bestimmen die Menge der Nullstellen der Gleichung (12). Das ist nicht grundsätzlich schwierig, weil es sich ja "nur" um die Wertbestimmung einer binären Funktion handelt. Bei größeren Variablenzahlen(etwa ab n=10) treten jedoch praktische Schwierigkeiten durch den Rechenaufwand auf, die durch den Einsatz von Rechnern bis zu einer Grenze, die etwa zwischen n=50 und n=100 liegt (bei ungünstigen Funktionen schon darunter), überwunden werden können /24/. Wir nehmen an, daß die Lösungsmenge in Form einer BVL oder besser TVL berechnet worden ist. Dann suchen wir in der Liste mit jedem Vektor $\underline{x}$ so lange, bis wir einen Lösungsvektor ($\underline{x}$, $\underline{y}$) finden, dessen Komponente $\underline{y}$ dann den gesuchten Wert der linken Seite von (9) bildet. Es treten drei Fälle auf:

- Es gibt genau ein solches $\underline{y}$ zum gegebenen Vektor $\underline{x}$. Dann ist die Auflösung (lokal) eindeutig.
- Es gibt mehrere $\underline{y}$ zum gleichen $\underline{x}$. Dann ist die Auflösung mehrdeutig. Praktisch sind dann noch Zusatzforderungen frei, oder es kann ein beliebiger Vektor $\underline{y}$ gewählt werden.
- Es gibt kein $\underline{y}$ zum gegebenen $\underline{x}$. Dann ist keine Auflösung möglich, wenn nicht dieses $\underline{x}$ für das Gleichungssystem (9) durch eine zusätzliche Forderung der Gestalt (4) verboten wird.

In unserem Beispiel versuchen wir nun, die Gleichung (12) nach $\underline{x}$ aufzulösen (die Auflösung nach $\underline{y}$ ist das ursprüngliche Gleichungssystem). In Abb.2.10 ist zunächst die Lösungsliste angegeben, und anschließend sind für jeden Wert des Vektors $\underline{y}$ die zugeordneten $\underline{x}$ bestimmt worden. Wir finden in zwei Fällen eindeutige Auflösbarkeit, in einem Fall Mehrdeutigkeit und für den Vektor $\underline{y}$ = (11) gibt es überhaupt kein lösendes $\underline{x}$.

$\underline{x}$		$\underline{y}$	
x_1	x_2	y_1	y_2
0	0	0	0
0	1	1	0
1	1	0	1
1	0	1	0

y_1	y_2	$\underline{x}$
0	0	(00)
0	1	(11)
1	1	keine Auflösbarkeit
1	0	(01) oder (10)

2.10

Wir verbieten deshalb (das muß das zu lösende Problem nicht immer erlauben !) die störende Belegung durch die Nebenbedingung

$$y_1 y_2 = 0$$

und können jetzt in der dritten Zeile nach Belieben 0 oder 1 schreiben (wir drücken das wie in der TVL durch - aus). In Abb. 2.11 ist die nun entstandene Vielfalt der Auflösungsmöglichkeiten gezeigt. Die 4. Auflösung lautet z.B.

$$x_1 = y_2 ,$$
$$x_2 = y_1 \vee y_2 .$$

Nebenbedingungen dieser Art treten häufig auf und werden als "don't - care - conditions" oder <u>statische Nebenbedingungen</u> bezeichnet.

y_1	y_2	x_1	x_2	x_1	x_2
0	0	0	0	0	0
0	1	1	1	1	1
1	1	-	-	-	-
1	0	0	1	1	0

x_1	x_2	x_1	x_2	x_1	x_2	x_1	x_2	x_1	x_2	x_1	x_2	x_1	x_2	x_1	x_2
0	0	0	0	0	0	0	0	0	0	0	0	0	0	0	0
1	1	1	1	1	1	1	1	1	1	1	1	1	1	1	1
0	0	0	1	1	0	1	1	0	0	0	1	1	0	1	1
0	1	0	1	0	1	0	1	1	0	1	0	1	0	1	0
1.		2.		3.		4.		5.		6.		7.		8.	

Abb. 2.11

Sie können in jedem Fall durch eine Gleichung (4) ausgedrückt werden. Man interpretiert sie wie in unserem Beispiel: ist die Nebenbedingung verletzt, so gilt die Belegung der Variablen als ohnehin verboten und der Funktionswert kann nach Belieben festgelegt werden. Es entstehen dann <u>Funktionenmengen</u> (Verbände binärer Funktionen) als Lösungen, deren innere Struktur viele interessante und nützliche Eigenschaften aufweist /3,6/. Insbesondere sind sie die theoretisch und praktisch einfachsten Funktionenmengen. Jeder solche Verband läßt sich durch

$$f_i = q \vee pt_i \tag{13}$$

beschreiben, wobei q und p Parameter des Verbandes sind (q: alle unbestimmten Werte sind durch 0 ersetzt, p: alle unbestimmten Werte sind durch 1 ersetzt). Die Funktion t_i kann beliebig gewählt werden. Durch Einsetzen einer Funktion t_i ergibt sich stets eine Funktion f_i, die zum Verband gehört.

2.4. Differentiale und Ableitungen

Wir kennzeichneten mit B^n die Menge aller n-stelligen Binärvektoren und fanden für sie die anschauliche Deutung als Punkte in einem n-dimensionalen BOOLEschen Raum (ein Vektorraum mit n Koordinaten, die nur die Werte 0 und 1 annehmen). Als nächstes Ziel wollen wir in diesem Raum Verbindungen zwischen den Punkten schaffen und den Begriff der Richtung formulieren.

Es seien $\underline{x}$ und $\underline{x}^*$ zwei Punkte in B^k. Wir bilden mit ihren Koordinaten den neuen Vektor

$$\underline{dx} = \underline{x} \nsim \underline{x}^* . \qquad (1)$$

Die Antivalenz wird wie immer bei Binärvektoren stellenweise berechnet. Der neue Vektor $\underline{dx}$ ist genau in den Stellen gleich 1, in denen sich die Koordinaten von $\underline{x}$ und $\underline{x}^*$ unterscheiden (Abb. 2.12).

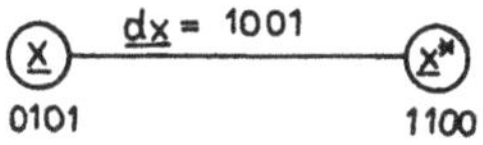

Abb. 2.12

Durch diesen Differentialvektor $\underline{dx}$ ist in B^n eine Richtung definiert. Für $\underline{dx}$ =(0,0,...,0) erhalten wir die Richtung "keine Änderung", für $\underline{dx}$ =(1,1,...,1) die längsten Diagonalen im Raum. In Abb. 2.13 sind alle durch $\underline{dx}$ =(011) festgelegten Richtungen in B^3 dargestellt, sie bilden die Flächendiagonalen in den durch x_1 = const. festgelegten Unterräumen. Jedes Punktepaar ($\underline{x}$, $\underline{x}^*$) bestimmt nach (1) eine solche Richtung. Soll speziell die vom Punkt $\underline{x}$ in Richtung $\underline{dx}$ wegführende Kante gekennzeichnet werden (sie führt zum Punkt $\underline{x}^*$), so müssen wir aus Anfangspunkt und Richtungskennzeichen den Vektor ($\underline{x}$, $\underline{dx}$) bilden. Wir verfügen damit in B^n über folgende Objekte:

$\underline{x}$	: Punkt in B^n, Knoten,
$\underline{dx}$	: Richtung in B^n,
($\underline{x}$, $\underline{dx}$)	: Pfeil in B^n, Kante.

In Abb.2.13 ist die Kante ($\underline{x}$, $\underline{dx}$) = (100,010) hervorgehoben.

Der Vektor $\underline{dx}$ hat auch die Länge n und besteht aus den Komponenten $\underline{dx_i}$, die binäre Variable sind:

$$\underline{\underline{dx}} = (dx_1, dx_2, \ldots, dx_n). \tag{2}$$

Offenbar gilt, daß $dx_i = 1$ ist, wenn sich die Koordinate x_i beim Übergang nach $\underline{x}^*$ ändert. Aus $\underline{\underline{dx}}$ sind also Zahl und Art der Änderungen sofort ablesbar.

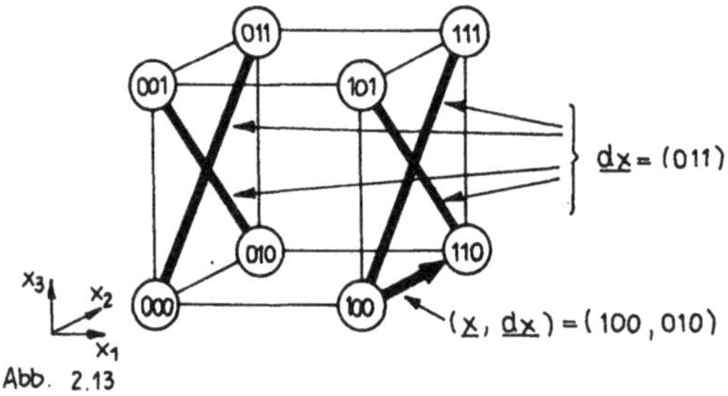

Abb. 2.13

Auf dem Begriff der Differentiale dx_i und $\underline{\underline{dx}}$ baut sich der BOOLEsche Differentialkalkül auf, dessen Gesamtdarstellung in /6/ zu finden ist. Wir werden ihn in diesem Abschnitt kurz einführen und seine Zusammenhänge zu Graphen später noch vertiefen.

Differentiale $\underline{\underline{dx}}$ und dx_i sind Änderungsgrößen. Ändern sich bei einer Funktion $y = f(\underline{x})$ die Argumente $\underline{x}$, so bewirken sie i.a. die Änderung des Funktionswertes. Wir definieren als Differential $d\,f(\underline{x})$ der Funktion $f(\underline{x})$ den Ausdruck

$$d\,f(\underline{x}) = f(\underline{x}) \nsim f(\underline{x} \nsim \underline{\underline{dx}}) \, . \tag{3}$$

Dabei nehmen wir an, daß alle Variablen $\underline{x}$ geändert werden dürfen (<u>totales Differential</u>). Wir können auch <u>partielle Differentiale</u> bezüglich einiger oder auch einzelner Variabler bilden:

$$\underset{x_i}{d}\, f(x_1,\ldots,x_i,\ldots,x_k) = f(x_1,\ldots,x_i,\ldots,x_k) \nsim f(x_1,\ldots,x_i \nsim dx_i,\ldots,x_k). \tag{4}$$

Das partielle Differential $\underset{x_i}{d}\, f(\underline{x})$ entsteht aus $d\,f(\underline{x})$ offenbar dadurch, daß alle dx_j außer dx_i gleich 0 gesetzt werden (keine Änderung).

Als Beispiel betrachten wir $f = x_1x_2$. Es gilt

$$d\,f = x_1x_2 \nsim (x_1 \nsim dx_1)(x_2 \nsim dx_2)$$

$$= x_1dx_2 \nsim x_2dx_1 \nsim dx_1dx_2, \qquad (5)$$

$$\underset{x_1}{d}\,f = x_1x_2 \nsim (x_1 \nsim dx_1)\,x_2$$

$$= x_2dx_1\,. \qquad (6)$$

Das partielle Differential ist anschaulich leicht zu deuten: f ändert sich genau dann, wenn $x_2=1$ ist und x_1 sich ändert. Für das totale Differential gilt die gleiche Interpretation, nur ist die erhaltene Antivalenzform wenig anschaulich und wir ersetzen sie durch den äquivalenten Ausdruck

$$d\,f = x_1\overline{dx}_1dx_2 \vee x_2dx_1\overline{dx}_2 \vee (\bar{x}_1\bar{x}_2 \vee x_1x_2)dx_1dx_2\,. \qquad (7)$$

Er läßt z.B. erkennen, daß die gleichzeitige Änderung von x_1 und x_2 ($dx_1=dx_2=1$) genau dann zu einer Funktionswertänderung führt, wenn entweder $x_1=x_2=0$ oder $x_1=x_2=1$ ist. Besonders anschaulich werden die Verhältnisse, wenn in einem BOOLEschen Raum nur diejenigen Kanten eingetragen werden, die zu d f =1 gehören (Abb. 2.14).

x_1	x_2	dx_1	dx_2
1	–	0	1
–	1	1	0
0	0	1	1
1	1	1	1

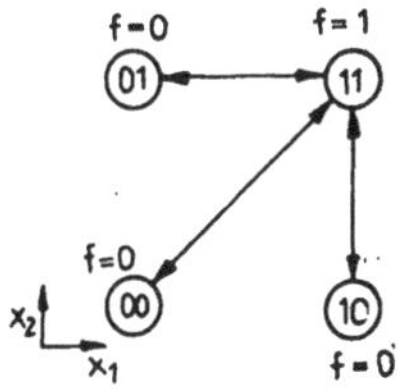

Abb. 2.14

Wir können sie für unser Beispiel leicht aus der mit angegebenen TVL für d f=1 ablesen. Die TVL der Funktion

$$d\,f(\underline{x}) = g(\underline{x}, \underline{dx}) \qquad (8)$$

legt den Graphen in der Abbildung fest, der alle Kanten enthält, die zwei Punkte unterschiedlichen Funktionswertes verbinden. Umgekehrt ist

$$d\,f(\underline{x}) = 0 \qquad (9)$$

die Gleichung aller Kanten ($\underline{x}$, $\underline{dx}$), längs derer keine Funktionswertänderung für f($\underline{x}$) stattfindet. Fassen wir f($\underline{x}$) als charakteristische Funktion eines Unterraumes in B^n auf, so verlaufen alle Kanten, die Lösungen von (9) sind, entweder innerhalb des Raumes für f=0 oder des Raumes für f=1, sie bilden innerhalb dieser Räume jeweils einen vollständigen Teilgraphen. Allgemein bestimmt jede Gleichung

$$g(\underline{x}, \underline{dx}) = 0 \qquad (10)$$

eine Kantenmenge in B^n, wir fassen sie als definierende <u>Gleichung des Graphen</u> auf, der genau aus den Kanten ($\underline{x}$, $\underline{dx}$) besteht, die Lösungen von (10) sind (vgl. Abschn. 3.4.).

Wir geben ohne Beweis einige Eigenschaften der Differentiale von Funktionen an (sie gelten für partielle und totale Differentiale):

$$d\,\bar{f} = d\,f, \qquad (11)$$

$$d(f \not\sim g) = d\,f \not\sim d\,g, \qquad (12)$$

$$d(f\,g) = f\,d\,g \not\sim g\,d\,f \not\sim d\,f\,d\,g, \qquad (13)$$

$$d(f \vee g) = \bar{f}\,d\,g \not\sim \bar{g}\,d\,f \not\sim d\,f\,d\,g. \qquad (14)$$

Die Änderungsgrößen dx_i konnten bisher gleich 1 (Vorliegen einer Änderung, gleichgültig aus welcher Ursache) oder gleich 0 (ständige oder momentane Konstanz von x_i) sein. Wir können sie aber auch auf den Wert 1 festlegen und dann die Wirkungen der Änderungen ermitteln. Damit kommen wir zum Begriff der <u>Ableitungen binärer Funktionen</u>.

Wir definieren

$$\frac{\partial f(\underline{x})}{\partial \underline{x}} = d\,f(\underline{x})\Big|_{\underline{dx}=\underline{1}}, \qquad (15)$$

woraus für den Fall einer einzelnen Variablen folgt

$$\frac{\partial f(x_i)}{\partial x_i} = d\,f(x_i)\Big|_{dx_i=1}. \qquad (16)$$

Für beide Ausdrücke können wir auch

$$\frac{\partial f(\underline{x})}{\partial \underline{x}} = f(\underline{x}) \not\sim f(\bar{\underline{x}}) \qquad (17)$$

bzw.

$$\frac{\partial f(x_i)}{\partial x_i} = f(x_i) \nsim f(\bar{x}_i) \tag{18}$$

$$= f(x_i{=}0) \nsim f(x_i{=}1) \tag{19}$$

schreiben.

Aus (19) erkennen wir: die <u>partielle Ableitung</u> $\frac{\partial f}{\partial x_i}$ ist genau dann gleich 1, wenn sich der Wert von f bei Änderung von x_i (zwischen $x_i=0$ und $x_i=1$) ändert. Ähnliche Aussagen gelten für die <u>vektorielle Ableitung</u> (17). Während d f eine Änderung kennzeichnet, beschreibt $\frac{\partial f}{\partial \underline{x}}$ eine "Übertragungsfunktion" für die Änderung <u>dx</u>. So gilt z.B. (vgl.(6))

$$\underset{x_i}{d}\, f = dx_i \frac{\partial f}{\partial x_i} \quad . \tag{20}$$

In Worten: f ändert sich (durch x_i), wenn x_i sich ändert und die Ableitung die Übertragung der Änderung von x_i zu f erlaubt. Verallgemeinernd erhalten wir für 2 und 3 Variable:

$$\underset{(x_1,x_2)}{d}\, f = dx_1 \frac{\partial f}{\partial x_1} \nsim dx_2 \frac{\partial f}{\partial x_2} \nsim dx_1\, dx_2 \frac{\partial^2 f}{\partial x_1 \partial x_2} \, , \tag{21}$$

$$\underset{(x_1,x_2,x_3)}{d}\, f = dx_1 \frac{\partial f}{\partial x_1} \nsim dx_2 \frac{\partial f}{\partial x_2} \nsim dx_3 \frac{\partial f}{\partial x_3} \nsim dx_1 dx_2 \frac{\partial^2 f}{\partial x_1 \partial x_2} \nsim$$

$$\nsim dx_1 dx_3 \frac{\partial^2 f}{\partial x_1 \partial x_3} \nsim dx_2 dx_3 \frac{\partial^2 f}{\partial x_2 \partial x_3} \nsim dx_1 dx_2 dx_3 \frac{\partial^3 f}{\partial x_1 \partial x_2 \partial x_3} . \tag{22}$$

Dabei benutzten wir die Abkürzung (und Eigenschaft)

$$\frac{\partial^2 f}{\partial x_1 \partial x_2} = \frac{\partial}{\partial x_1}\left(\frac{\partial f}{\partial x_2}\right) = \frac{\partial}{\partial x_2}\left(\frac{\partial f}{\partial x_1}\right) \tag{23}$$

und ihre sinngemäße Erweiterung auf 3 Variable. Aus (21) folgt für die vektorielle Ableitung nach x_1 und x_2 mit (15)

$$\frac{\partial f}{\partial (x_1,x_2)} = \frac{\partial f}{\partial x_1} \nsim \frac{\partial f}{\partial x_2} \nsim \frac{\partial^2 f}{\partial x_1 \partial x_2} \, . \tag{24}$$

Wir geben wieder eine Reihe einfacher Beziehungen an und verweisen für Beweise und weiterführende Aussagen auf /6/. Die Beziehungen gelten für partielle, vektorielle und mehrfache (nach (23))

Ableitungen:

$$\frac{\partial \bar{f}}{\partial \underline{x}} = \frac{\partial f}{\partial \underline{x}} , \tag{25}$$

$$\frac{\partial (f \nsim g)}{\partial \underline{x}} = \frac{\partial f}{\partial \underline{x}} \nsim \frac{\partial g}{\partial \underline{x}} , \tag{26}$$

$$\frac{\partial (f\, g)}{\partial \underline{x}} = f \frac{\partial g}{\partial \underline{x}} \nsim g \frac{\partial f}{\partial \underline{x}} \nsim \frac{\partial f}{\partial \underline{x}} \frac{\partial g}{\partial \underline{x}} , \tag{27}$$

$$\frac{\partial (f \vee g)}{\partial \underline{x}} = \bar{f} \frac{\partial g}{\partial \underline{x}} \nsim \bar{g} \frac{\partial f}{\partial \underline{x}} \nsim \frac{\partial f}{\partial \underline{x}} \frac{\partial g}{\partial \underline{x}} . \tag{28}$$

Ersetzt man in (3) bzw. in (17) das zentrale Antivalenz-Zeichen durch das UND- bzw. das ODER-Symbol, so entstehen weitere Begriffsbildungen, die wir gelegentlich verwenden werden:

Differentielles Minimum: $\operatorname{Min} f(\underline{x}) = f(\underline{x}) \wedge f(\underline{x} \nsim \underline{dx})$, (29)

Differentielles Maximum: $\operatorname{Max} f(\underline{x}) = f(\underline{x}) \vee f(\underline{x} \nsim \underline{dx})$, (30)

Vektorielles Minimum : $\min f(\underline{x}) = f(\underline{x}) \wedge f(\bar{\underline{x}})$, (31)

Vektorielles Maximum : $\max f(\underline{x}) = f(\underline{x}) \vee f(\bar{\underline{x}})$, (32)

Einfaches Minimum : $\min\limits_{x_i} f(\underline{x}) = f(x_i=0) \wedge f(x_i=1)$, (33)

Einfaches Maximum : $\max\limits_{x_i} f(\underline{x}) = f(x_i=0) \vee f(x_i=1)$. (34)

Es gilt (analog auch für die anderen Operatoren)

$$\min_{x_i} (\min_{x_j} f) = \min_{x_j} (\min_{x_i} f) = \min^2_{(x_i, x_j)} f . \tag{35}$$

Binäre Variable und Differentiale können auch von anderen Größen binärer und nichtbinärer Natur abhängen. Wir wollen noch speziell die Abhängigkeit von der Zeit untersuchen, die wir als ganzzahlige Größe auffassen. Es seien zwei solche Abhängigkeiten durch

$$\underline{x}(t) = f_1(t) \quad \text{und} \tag{36}$$

$$\underline{dx}(t) = f_2(t) \tag{37}$$

gegeben. Fügen wir die Werte $\underline{x}$ und $\underline{dx}$ zusammen, so ist für jeden Zeitpunkt t eine Graphenkante ($\underline{x}$, $\underline{dx}$) festgelegt (Abb.2.15).

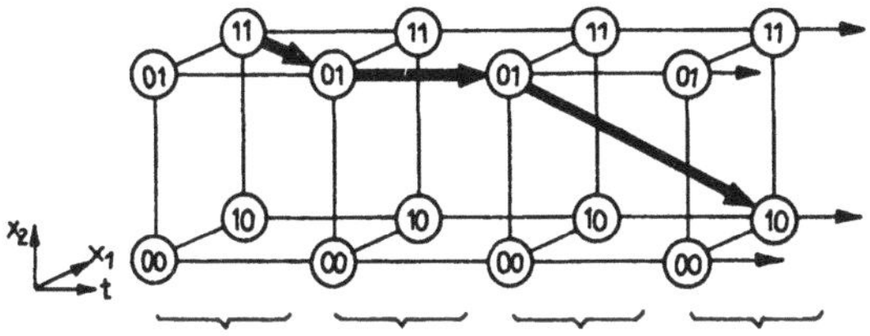

	t=0	t=1	t=2	t=3
$\underline{x}(t)$	(11)	(01)	(01)	
$d\underline{x}(t)$	(10)	(00)	(11)	

Abb. 2.15

Ein durchgehender Polygonzug wie in der Abbildung entsteht jedoch nur, wenn die Festlegungen (36) und (37) durch die zusätzliche Bedingung

$$d\underline{x}(t) = \underline{x}(t) \nsim \underline{x}(t+1) \tag{38}$$

verknüpft sind. In diesem Fall bezeichnen wir $\underline{x}(t)$ als <u>binäre Zeitfolge</u> und

$$d\underline{x}(t) = \dot{\underline{x}}(t) \tag{39}$$

als <u>zeitliche Ableitung</u> der Folge. Auch für eine einzelne Variable $x(t)$ kann die zeitliche Ableitung $\dot{x}(t)$ bestimmt werden. In Abb.2.16 erkennt man, daß $\dot{x}(t)$ genau dann gleich 1 ist, wenn $x(t)$ geändert werden soll (die Änderungsgröße zeigt also eine bevorstehende oder beabsichtigte Änderung an). Auch die Änderungsrichtung kann bestimmt werden:

$$\bar{x}\,\dot{x} = 1 \quad \text{(Änderung von 0 nach 1),} \tag{40}$$

$$x\,\dot{x} = 1 \quad \text{(Änderung von 1 nach 0).} \tag{41}$$

Wir wollen im weiteren meist $\underline{x}$ und $\dot{\underline{x}}$ statt $\underline{x}(t)$ und $\dot{\underline{x}}(t)$ schreiben.

Zeitliche Ableitungen sind ebenfalls Elemente des BOOLEschen Differentialkalküls und sehr gründlich untersucht /6/. Wir werden sie häufig anwenden, haben aber den Vorteil, daß wir nur in sehr geringem Umfang theoretische Zusammenhänge benötigen.

$x(t)$	0	1	0	1	1	0	0	1	0	0
$\dot{x}(t)$	1	1	1	0	1	0	1	1	0	
$\bar{x}\,\dot{x}$	1	0	1	0	0	0	1	0	0	
$x\,\dot{x}$	0	1	0	0	1	0	0	1	0	

Abb. 2.16

Wichtig ist, daß wegen (39) auch durch eine Gleichung

$$f(\underline{x}, \dot{\underline{x}}) = 0 \tag{42}$$

ein Graph definiert ist, der hier speziell als <u>Spurgraph</u> interpretiert werden kann: zum Graphen gehören alle Kanten $(\underline{x}, \dot{\underline{x}})$, die für wenigstens ein t auftreten oder zulässig sind. Der jeweilige Folgeknoten kann durch Umstellung von (38) bestimmt werden:

$$\underline{x}(t+1) = \underline{x}(t) \sim \dot{\underline{x}}(t) \; . \tag{43}$$

Wir schreiben im weiteren abgekürzt (vgl. Abschn. 1.2.)

$${}^{1}\underline{x} = \underline{x} \sim \dot{\underline{x}} \; . \tag{44}$$

Gelegentlich benötigt man die folgenden Eigenschaften:

$$(\bar{x})^{\cdot} = \dot{x} \, , \tag{45}$$

$$(x_1 \sim x_2)^{\cdot} = \dot{x}_1 \sim \dot{x}_2 \, , \tag{46}$$

$$(x_1 x_2)^{\cdot} = x_1 \dot{x}_2 \sim \dot{x}_1 x_2 \sim \dot{x}_1 \dot{x}_2 \, , \tag{47}$$

$$(x_1 \vee x_2)^{\cdot} = \dot{x}_1 \bar{x}_2 \sim \bar{x}_1 \dot{x}_2 \sim \dot{x}_1 \dot{x}_2 \, , \tag{48}$$

$$f(x_1, x_2)^{\cdot} = \dot{x}_1 \frac{\partial f}{\partial x_1} \sim \dot{x}_2 \frac{\partial f}{\partial x_2} \sim \dot{x}_1 \dot{x}_2 \frac{\partial^2 f}{\partial x_1 \, \partial x_2} \; . \tag{49}$$

Von den vielfältigen Anwendungen der Begriffe des BOOLEschen Differentialkalküls wollen wir nun zwei nennen. Es sei $f(\underline{x})$ eine binäre Funktion. Sie ist von der Variablen x_i genau dann unabhängig, wenn gilt

$$\frac{\partial f}{\partial x_i} = 0 \; . \tag{50}$$

Weiterhin sei durch

$$f(x_1,x_2,\ldots,x_k,\ y_1,y_2,\ldots,y_n) = 0 \tag{51}$$

bzw.

$$f(\underline{x},\ \underline{y}) = 0 \tag{52}$$

eine binäre Gleichung gegeben. Sie ist nach $\underline{y}$ genau dann auflösbar (vgl. Abschnitt 2.3.), wenn gilt

$$\min_{\underline{y}}{}^{n} f(\underline{x},\ \underline{y}) = 0\ . \tag{53}$$

Die Erfüllung der Bedingung (53) bedeutet jedoch nicht, daß die Auflösung eindeutig ist.

3. Graphen

3.1. Einige Grundbegriffe

Um ein mathematisches Mittel wie z.B. Graphen für den Praktiker anwendbar zu machen, bedarf es zweier Voraussetzungen:

- er muß seine Probleme in der Sprache der Graphen formulieren können und sollte dabei nicht das Gefühl haben, den Problemstellungen Zwang anzutun,
- er muß die Sicherheit haben, daß man (wenn auch nicht unbedingt er selbst) die formulierten Probleme auch lösen kann und daß seine Formulierung die Lösung nicht behindert, möglichst sogar fördert.

Wir erkennen die vorrangige Rolle der Sprachproblematik und wollen deshalb in diesem Abschnitt einige Vokabeln einführen. Dabei machen wir eine Reihe von Zugeständnissen zur Vereinfachung der Terminologie gegenüber der strengeren (aber alles andere als einheitlichen) Sprechweise der mathematischen Graphentheorie.

Es sei M eine Menge beliebiger Elemente

$$M = \{ m_i \mid i=1,\dots,k \} . \qquad (1)$$

Durch (1) ist eigentlich eine endliche, aus k Elementen bestehende Menge festgelegt. Wir wollen uns auf diesen Fall einschränken, obwohl eine Reihe von Aussagen auch für unendliche Mengen gelten würde. Durch

$$m_i \in M \qquad (2)$$

ist die Zugehörigkeit von m_i zu M und durch

$$M^* \subseteq M \qquad (3)$$

die Tatsache beschrieben, daß alle Elemente aus M^* auch zu M gehören (M^* ist eine Untermenge von M).

Wir bilden nun geordnete Paare (m_i, m_j) aus den Elementen von M. Offenbar lassen sich k^2 Paare bilden. Will man sie aufzählen, so ist eine quadratische Tabellenanordnung (Matrix) am übersichtlichsten (Abb.3.1). Die Menge aller geordneten Paare bezeichnen wir mit M^2. Wir wählen nun aus M^2 eine Untermenge K aus. Zu ihrer Beschreibung gibt es eine Reihe von Möglichkeiten:

- In die Matrix nach Abb.3.1 werden nur die zu K gehörenden Paare eingetragen. Da jedes Paar seinen festen Platz hat, genügt es sogar, die zu K gehörenden Paare mit 1 und die anderen mit 0 zu kennzeichnen. Die Untermenge K ist also durch eine binäre charakteristische Funktion über M^2 beschrieben worden.

- Wir zeichnen für jedes m_i einen Kreis (Knoten) und tragen einen von m_i nach m_j führenden Pfeil (Kante) genau dann ein, falls das Paar (m_i, m_j) zu K gehört. Damit ist das Bild eines Graphen entstanden.
- Wir bilden eine Liste, in der jedem m_i diejenigen m_j zugeordnet sind, die ein Paar (m_i, m_j) aus K ergeben. Listen dieser Art fanden wir in Kapitel 1 als Phasenlisten autonomer Automaten vor.
- Wir suchen ein Gesetz (einen Algorithmus) zur Berechnung der m_j (oder z.B. der Zahlen j), die für ein gegebenes m_i ein Paar aus K bilden. Gibt es mehrere solche m_j, dann muß der Algorithmus entsprechend mehrdeutig sein.

	m_1	m_2	m_3	m_4	m_5
m_1	(m_1,m_1)	(m_1,m_2)	(m_1,m_3)	(m_1,m_4)	(m_1,m_5)
m_2	(m_2,m_1)	(m_2,m_2)	(m_2,m_3)	(m_2,m_4)	(m_2,m_5)
m_3	(m_3,m_1)	(m_3,m_2)	(m_3,m_3)	(m_3,m_4)	(m_3,m_5)
m_4	(m_4,m_1)	(m_4,m_2)	(m_4,m_3)	(m_4,m_4)	(m_4,m_5)
m_5	(m_5,m_1)	(m_5,m_2)	(m_5,m_3)	(m_5,m_4)	(m_5,m_5)

Abb. 3.1

Eine Vielzahl von Arbeitsmitteln, von Zeichnungen über rechnerfreundliche Listen bis zu evtl. sehr komplizierten Algorithmen, bietet sich also für die gleiche Aufgabenstellung an, und wir wollen von allen je nach ihrer Zweckmäßigkeit Gebrauch machen. In Abb.3.2 sind die ersten drei Möglichkeiten gezeigt, und als Beispiele für einen Algorithmus könnten ein nichtdeterministischer Automat (Abschnitt 1.2.) oder eine Graphengleichung vom Typ $f(\underline{x}, \underline{dx}) = 0$ (vgl. Abschnitt 2.4.) dienen. Der Zusammenhang zu unseren bisherigen Überlegungen wird damit deutlich.

	1	2	3	4	5
1	0	1	0	0	1
2	0	1	1	1	0
3	0	0	0	1	0
4	0	0	0	1	0
5	0	0	1	0	0

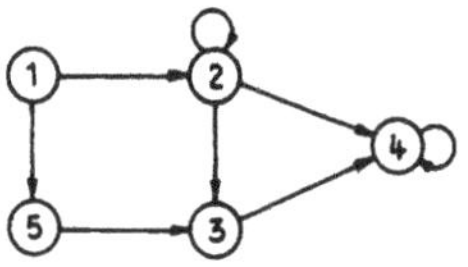

m_i	m_j
1	2
1	5
2	2
2	3
2	4
3	4
4	4
5	3

Abb. 3.2

Als Graph definiert man allgemein die Gesamtheit (M, K), also die Knotenmenge M und die Kantenmenge K. Braucht man keinen Unterschied zwischen den Kanten (m_i, m_j) und (m_j, m_i) zu machen, so heißt der Graph ungerichtet, sonst nennt man ihn gerichtet. Ein gerichteter Graph kann auch einzelne ungerichtete Kanten enthalten. Eine Kante (m_i, m_i) heißt Schlinge und wird nach Belieben als gerichtet oder ungerichtet betrachtet. Knoten m_i, für die es kein (m_i, m_j) in K gibt, heißen Endknoten. Anfangsknoten m_j sind solche, für die kein (m_i, m_j) in K existiert. In Abb.3.2 ist 1 ein Anfangsknoten. Der Knoten 4 ist jedoch kein Endknoten. Alle Knoten m_j, für die (m_i, m_j) $\in$ K ist, heißen Nachfolger (unmittelbare N.) von m_i. Umgekehrt sind alle Knoten m_i mit (m_i, m_j) $\in$ K (unmittelbare) Vorgänger von m_j. Durch Weglassen von Knoten und/oder Kanten entsteht ein Teilgraph des gegebenen Graphen, wobei oft vereinbart wird, daß Knoten, die im Teilgraphen keine Vorgänger und Nachfolger mehr haben, als weggelassen gelten. Selbstverständlich müssen solche Festlegungen genau getroffen werden, weil auch isolierte Knoten in manchen Problemstellungen auftreten. Für unsere Zwecke genügt es auch, anzunehmen, daß zwei Knoten m_i und m_j entweder durch (m_i, m_j), (m_j, m_i), beide Kanten oder gar nicht verbunden sind. Es treten also zwischen zwei Knoten keine mehrfachen, parallelen Kanten auf.

Kanten lassen sich zu Kantenfolgen zusammenfügen (Abb.3.3):

$$(m_1,m_2),\ (m_2,m_3),\ (m_3,m_4),\ldots,(m_{l-1},m_l)\ . \qquad (4)$$

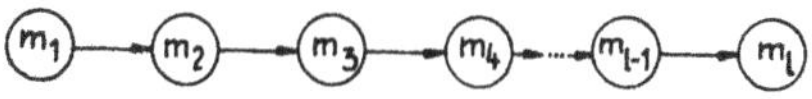

Abb. 3.3

Dabei wird es für uns meist gleichgültig sein, ob ein Knoten innerhalb der Kantenfolge mehrfach auftritt. Wenn aber $m_l = m_1$ ist, so bezeichnen wir die Kantenfolge als Zyklus.

Ein Graph heißt stark zusammenhängend, wenn zu beliebigen zwei Knoten m_k und m_l sowohl eine Kantenfolge von m_k nach m_l als auch eine von m_l nach m_k existiert. Ein Graph heißt final zusammenhängend, wenn es zu beliebigen zwei Knoten m_k und m_l wenigstens einen Knoten m_j gibt, zu dem sowohl von m_k als auch von m_l eine Kantenfolge führt.

Ein vollständiger Graph enthält alle für seine Knotenmenge möglichen Kanten. Es ist dann also

$$K = M^2\ . \qquad (5)$$

Häufig sind Aufgabenstellungen, bei denen in einem gegebenen Graphen Teilgraphen mit geforderten Eigenschaften (stark zusammenhängend,vollständig, genau ... Knoten oder ... Kanten etc.) gesucht werden. Man spricht dann auch von einer Einbettung des gesuchten Graphen in den gegebenen. Ebenso oft sucht man nach Kantenfolgen mit gewünschten Eigenschaften (kürzeste Wege, Wege der Länge n, Wege unter Benutzung gegebener Teilfolgen etc.). Für alle diese und viele andere Aufgaben wurden leistungsfähige, oft ziemlich rechenaufwendige Algorithmen entwickelt, deren Existenz und Nutzung wir hier voraussetzen.

Graphen haben einen engen Zusammenhang mit Relationen. Als Relation bezeichnet man ebenfalls eine Untermenge

$$R \subseteq M^2 \qquad (6)$$

einer Menge, spricht davon, daß die Elemente m_i und m_j für

$$(m_i,\ m_j) \in R \qquad (7)$$

in der Relation R zueinander stehen und untersucht mannigfaltige Eigenschaften dieser Relationen. Eine Relation heißt reflexiv, wenn für alle m_i gilt

$$(m_i, m_i) \in R. \tag{8}$$

Sie heißt symmetrisch, falls für beliebige m_i und m_j gilt, daß entweder $(m_i, m_j) \in R$ und $(m_j, m_i) \in R$ ist oder beide Paare in R fehlen. Eine antisymmetrische Relation liegt vor, wenn in R nicht (m_i, m_j) und (m_j, m_i) für $i \neq j$ gleichzeitig vorhanden sind. Schließlich nennt man eine Relation transitiv, wenn aus $(m_i, m_j) \in R$ und $(m_j, m_k) \in R$ folgt, daß auch $(m_i, m_k) \in R$ gilt. Weitere Eigenschaften sind z.B. in /6,18/ zu finden. Der Zusammenhang zwischen Relationen und Graphen wird am besten dadurch erfaßt, daß R als Kantenmenge des Graphen festgelegt wird. Dann gelten u.a. folgende wichtige Aussagen:

- Der Graph einer reflexiven Relation trägt an jedem Knoten eine Schlinge.
- Der Graph einer symmetrischen Relation besitzt nur ungerichtete Kanten.
- Der Graph einer antisymmetrischen Relation besitzt nur gerichtete Kanten.
- Führt im Graphen einer transitiven Relation eine Kantenfolge von m_i nach m_j, so gibt es auch die Kante (m_i, m_j) im Graphen.

Eine reflexive, symmetrische und transitive Relation heißt Äquivalenzrelation. Für den Graphen einer Äquivalenzrelation erkennen wir, daß er aus einzelnen (evtl. nur einem) vollständigen Teilgraphen besteht, die untereinander keine Verbindung haben (man mache sich das an den genannten Eigenschaften klar!). Eine reflexive und symmetrische Relation heißt Toleranzrelation (Verträglichkeitsrelation), und eine reflexive, antisymmetrische und transitive Relation wird als Halbordnungsrelation bezeichnet. Toleranzrelationen erlauben auch eine Klasseneinteilung der Knotenmenge, wie sie bei einer Äquivalenzrelation durch die Teilgraphen auftritt, jedoch ist die Einteilung nicht eindeutig. Halbordnungsrelationen erlauben, eine Vergleichsaussage im Sinne von

$$m_i \leq m_j \tag{9}$$

für einige (nicht unbedingt alle) Paare (m_i, m_j) zu bilden und besitzen keine Zyklen.

Häufig sind Knoten und/oder Kanten eines Graphen mit weiteren Kennzeichen zu versehen. Das tritt z.B. auf, wenn mehrere Knoten als zusammengehörig aufgefaßt und bei einer Abbildung des Graphen auf den gleichen Knoten des Bildgraphen abgebildet werden (Abb.3.4).

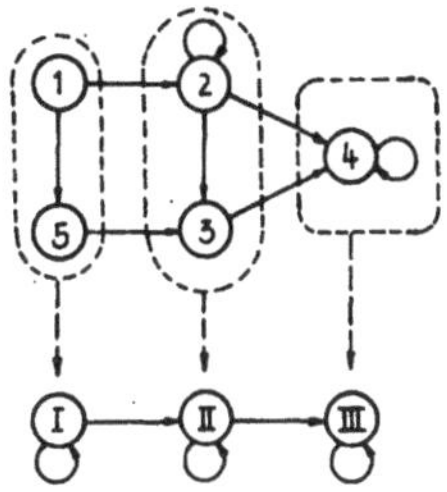

Abb. 3.4

Zur Veranschaulichung spricht man dabei gern von verschiedenen "Farben" der Knoten oder Kanten und bezeichnet damit im Zusammenhang stehende Aufgabenstellungen als Färbungsprobleme. In der Automatentheorie und Schaltungspraxis (PETRI-Netze, Master-Slave-Systeme) sind <u>bipartite</u> Graphen besonders bedeutungsvoll, in denen nur zwei Knotenfarben auftreten (schwarz und weiß) und jede Kante jeweils einen schwarzen mit einem weißen Knoten verbindet. Im Sinne unserer Anwendungen wollen wir statt von Farben von <u>Knotengewichten</u> (z.B. Ausgangssignale eines MOORE-Automaten) und <u>Kantengewichten</u> (z.B. Eingangssignale) sprechen.

Knoten- und Kantengewichte werden bei der bildlichen Darstellung eines Graphen meist mit eingetragen. In der Listendarstellung können sie für jede abgehende Kante des gewichteten Knotens oder in der Zeile der betreffenden Kante vermerkt werden (vgl. z.B. Abb.1.10). In die Matrix nach Abb.3.1 können Knotengewichte (gleicher Wert in der gesamten Zeile des Knotens) oder Kantengewichte ebenfalls eingetragen werden.

Die in Abb.3.4 vorgenommene Vergröberung des Graphen durch eine Knotenzusammenfassung ist praktisch sehr bedeutungsvoll. Rechnerisch wird sie am besten dadurch bewirkt, daß in der Liste die Knotensymbole durch ihr Bild ersetzt und mehrfach vorkommende Zeilen (parallele Kanten) nur einfach notiert werden (Abb. 3.5).

m_i	m_j
1	2
1	5
2	2
2	3
2	4
3	4
4	4
5	3

⟹

m_i^*	m_j^*
I	II
I	I
II	II
II	II
II	III
II	III
III	III
I	II

⟹

m_i^*	m_j^*
I	I
I	II
II	II
II	III
III	III

Abb. 3.5

Auch andere Operationen sind mit Graphen vorzunehmen. Mengenoperationen treten besonders auf, wenn zwei oder mehrere Graphen mit gleichen Knotenmengen betrachtet werden (erreichen läßt sich die gemeinsame Knotenmenge immer dadurch, daß als Gesamtknotenmenge die Vereinigung aller einzelnen Knotenmengen benutzt wird). Die Operationen Durchschnitt ($\cap$), Vereinigung ($\cup$), Differenz ($\setminus$) und symmetrische Differenz ($\triangle$) für Graphen werden dann als entsprechende Operationen mit den Kantenmengen erklärt. Sie können mit den Listen, besonders vorteilhaft aber mit den Matrizen ausgeführt werden, da es sich ja um BOOLEsche Operationen mit den charakteristischen Funktionen handelt. In Abb.3.6 ist ein weiterer Graph mit den schon benutzten Knoten gezeigt, den wir als G2 bezeichnen. G1 soll der Graph aus Abb.3.2 sein.

	1	2	3	4	5
1	1	1	0	0	0
2	0	1	1	0	0
3	0	0	1	1	0
4	0	0	0	1	1
5	1	0	0	0	1

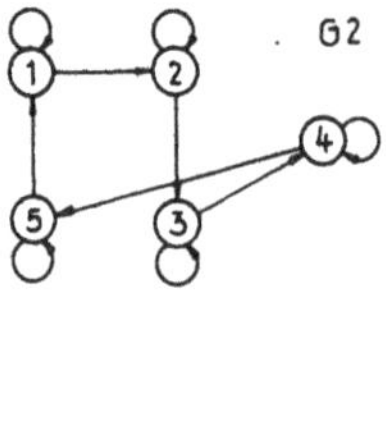

Abb. 3.6

	1	2	3	4	5
1	0	1	0	0	0
2	0	1	1	0	0
3	0	0	0	1	0
4	0	0	0	1	0
5	0	0	0	0	0

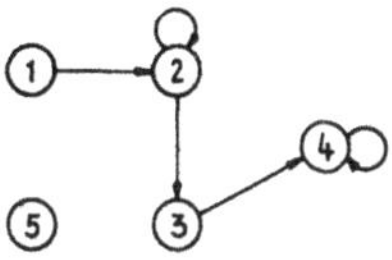

$G3 = G1 \cap G2$

	1	2	3	4	5
1	1	1	0	0	1
2	0	1	1	1	0
3	0	0	1	1	0
4	0	0	0	1	1
5	1	0	1	0	1

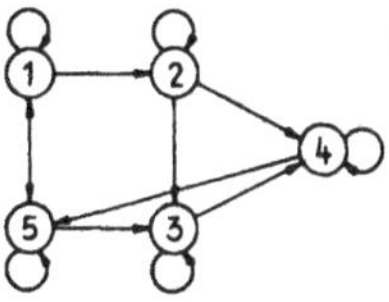

$G4 = G1 \cup G2$

	1	2	3	4	5
1	0	0	0	0	1
2	0	0	0	1	0
3	0	0	0	0	0
4	0	0	0	0	0
5	0	0	1	0	0

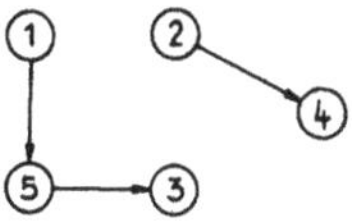

$G5 = G1 \setminus G2$

	1	2	3	4	5
1	1	0	0	0	1
2	0	0	0	1	0
3	0	0	1	0	0
4	0	0	0	0	1
5	1	0	1	0	1

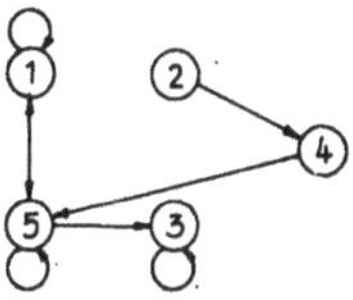

$G6 = G1 \triangle G2$

	1	2	3	4	5
1	1	0	1	1	0
2	1	0	0	0	1
3	1	1	1	0	1
4	1	1	1	0	1
5	1	1	0	1	1

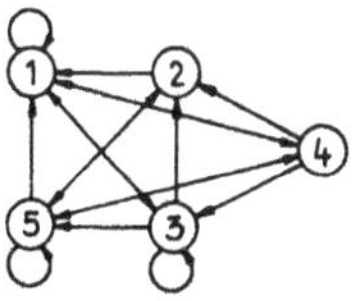

$G7 = \overline{G1}$

Abb. 3.7

Die in Abb.3.7 dargestellten Matrizen und Graphen lassen sich dann als Operationsergebnisse in folgender Form deuten:

- $G3 = G1 \cap G2$ enthält die Kanten, die sowohl zu G1 als auch zu G2 gehören.
- $G4 = G1 \cup G2$ enthält die Kanten, die in wenigstens einem der Graphen G1 oder G2 vorkommen.
- $G5 = G1 \setminus G2$ enthält die Kanten, die in G1, nicht aber in G2 vorkommen.
- $G6 = G1 \Delta G2$ enthält die Kanten, die nur in je einem Graphen (bei mehr als zwei Graphen in einer ungeraden Zahl) vorkommen.
- $G7 = \bar{G}_1$ enthält die Kanten, die in G1 fehlen.

Wir wollen uns auf die genannten Operationen beschränken und erst später im Zusammenhang mit Anwendungen weitere (Produkt von Graphen, Substitutionen) betrachten.

Das Vokabular der Graphentheorie ist sehr viel reichhaltiger. Es wird mit Sicherheit in immer stärkerem Maß zum geistigen Besitz der Ingenieure und Naturwissenschaftler werden. Dazu ist es notwendig, denjenigen, die ohnehin schon intuitiv Graphen benutzen, die Gesetze ihrer eigenen Sprache, ihre Syntax und Semantik, bewußt zu machen. Ein Lehrbuch der Graphentheorie mit diesem Anliegen ist dem Verfasser nicht bekannt. Es gibt aber viele zugängliche Bücher, in denen wenigstens die Einleitung und das 1. Kapitel dem genannten Ziel dienen können. Als weiterführende Literatur kann u.a. /2, 12, 18, 19, 20, 31,32/ empfohlen werden.

3.2. Einige typische Probleme

Für die Literatur zur Graphentheorie ist (zur Zeit noch ?) charakteristisch, daß eine ungeheure Vielzahl von Begriffsbildungen, speziellen Aussagen und Algorithmen auftritt. Für ein bestimmtes Anwendungsgebiet sollte es möglich sein, den Zielen des Gebietes entsprechend eine Ordnung der auftretenden Problemklassen zu versuchen. Wir wollen uns das für Zielstellungen aus dem Bereich des Schaltungsentwurfs und der Automatentheorie vornehmen und 8 Problemklassen formulieren.

1. Synthese und Analyse von Graphen, Sprachprobleme
   Jeder speziell zu untersuchende Graph muß beschrieben werden. Das wird nicht in einem Schritt, sondern in einem Syntheseprozeß (Aufzählung der Knoten und Kanten, Angabe verschiedener

Eigenschaften, Teilgraphen, zu komponierende Graphen etc.) geschehen, der problemorientiert unterstützt werden muß. Ebenso sind Analyseschritte dadurch zu unterstützen, daß lokale (z.B. Kantenzahl, Gewichte, End- und Anfangsknoten) und globale (Zyklen, Vollständigkeit, Zusammenhang etc.) Eigenschaften sprachlich angemessen formuliert und entsprechende Fragen durch Algorithmen und Programme beantwortet werden.

2. Transformationen, Operationen
Die Verknüpfung mehrerer Graphen kann nach wesentlich komplizierteren und komplexeren Operationen als im Abschnitt 3.1. gezeigt erfolgen /12, 19, 31/. Diese Operationen müssen hinsichtlich ihrer algebraischen, rechentechnischen und interpretativen Eigenschaften erschlossen werden, der Anwender muß ein Gefühl dafür erhalten, welche Operationsschritte sein Problem lösen. Transformationen sind im einfachsten Fall Streichungen von Knoten, Kanten und Teilgraphen. Sie können aber auch Abbildungen sein, bei denen Isomorphieprobleme (Wie ermittelt man, ob zwei Graphen isomorph sind ?), homomorphe Vergröberungen (vgl. Abschnitt 3.1.) und damit zusammenhängende Stetigkeitsprobleme eine Rolle spielen /6, 13/. Die Frage "Wie sieht eine für eine gegebene Problemklasse hinreichend vollständige Operationenmenge aus?" ist auch für unsere gewählten Einschränkungen offen (in /31/ wird gezeigt, daß es keinen "universellen" Graphenalgorithmus für alle Problemstellungen geben kann).

3. Zerlegungen, Dekompositionen, Einbettungen
Die Operationen mit Graphen sind meist nicht umkehrbar. Für praktische Aufgaben im Zusammenhang mit der Vereinfachung zu großer oder zu komplizierter Graphen tritt aber die Fragestellung auf, aus einer Gleichung

$$G3 = Op(G1, G2) \tag{1}$$

für gegebenes G3 und bekannte Operation Op die Graphen G1 und G2 zu bestimmen, wobei meist wegen der Mehrdeutigkeit der Ergebnisse noch Zusatzkriterien (Einfachheit in irgendeinem Sinne) erfüllt werden können. Man denke z.B. an die Aufteilung von Schaltungen auf Leiterplatten, die Zerlegung von Versorgungsnetzen oder an das weiter unten behandelte Problem, mehrere Automaten miteinander zu koppeln (Abschnitt 4.7.).

Ein Zerlegungsproblem besteht auch darin, einen vorgegebebenen kleineren Graphen isomorph in einen größeren einzubetten (z.B. um durch einen gegebenen Automaten eine spezielle Zustandsfolge zu realisieren, d.h. ihn zu programmieren).

Probleme dieser Klasse sind oft mit erheblichem, in vielen Fällen nicht beherrschbarem Rechenaufwand verbunden. Sie werden deshalb gern mit heuristischen und empirischen Mitteln angegangen.

4. Plazierungen, Trassierungen, Planarität

Beim Zeichnen des Bildes eines Graphen tritt immer wieder das Problem auf, eine "schöne" und übersichtliche Darstellung zu gewinnen. Dazu müssen die Knoten in der Zeichenebene an bestimmten (aber nicht ganz genau bestimmten) Plätzen stehen, d.h., der gegebene Graph muß der ebenfalls gegebenen Topologie des Darstellungsraumes angepaßt werden. Das ist ein spezielles Einbettungs- und Abbildungsproblem mit schwieriger, aber vielfältig behandelter Programmierbarkeit /2/. Es tritt beim Entwurf von Layouts in der Mikroelektronik, gedruckten Schaltungen, Verkehrs- und Nachrichtennetzen auf, also vorrangig für ebene Darstellungsräume (Satellitennachrichtennetze sind auf der Erdkugel zu plazieren!). Oft bedingt das Problem die Kreuzungsfreiheit beliebiger Kanten (das ist ein qualitativ neuer Begriff für Graphen, denn in der Definition der Kante gibt es keine Kreuzungen!). Sie kann für planare Graphen erreicht werden. Das sind alle Graphen, die keinen der beiden in Abb.3.8 gezeigten Graphen als Teilgraphen enthalten (die genaue Formulierung des Satzes und sein Beweis finden sich in allen Lehrbüchern der Graphentheorie).

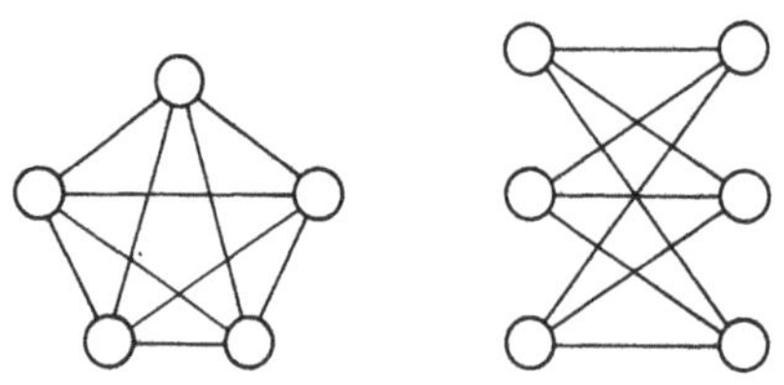

Abb. 3.8

5. Metriken, Abstände, Erreichbarkeit

Intuitiv klar sind Abstandsbegriffe in Graphen wie z.B. die Mindestzahl der Kanten, die sich zwischen zwei Knoten befinden. Darüber hinaus gibt es aber noch viele verwandte Begriffe und Problemstellungen wie z.B.: Wieviele und welche Knoten können von m_i aus nach höchstens n Schritten erreicht werden? Kann m_j aus m_i entlang der Graphenkanten erreicht werden (wenn nicht, so ist der Abstand unendlich)? Wieviele und welche Kantenfolgen gibt es von m_i nach m_j? Gelten für das gewählte Abstandsmaß, das auch Kantengewichte (Preis des Begehens der Kante etc.) einschließt, metrische Eigenschaften? In Automatengraphen sind Probleme der Steuerbarkeit mit diesen Fragestellungen verbunden, etwa in den Formen "Kann der Automat von einem Zustand s_1 in einen Zustand s_2 gesteuert werden?", "Wie lange dauert das mindestens?", "Welche Eingangssignale sind dazu geeignet?" Mit Abstandsmaßen sind auch Laufzeitprobleme, Aufruffolgen von Unterprogrammen und Signalwegprobleme in Nachrichtennetzen verbunden.

6. Kantenfolgen, integrale Kennzeichen

Stehen zwischen zwei Knoten mehrere Kantenfolgen zur Auswahl, so können z.B. aus den Kantengewichten oder einfach aus der Folgenlänge beste (in irgendeinem Sinne) Kantenfolgen ausgewählt werden. Als integrales, die gesamte Folge erfassendes Kennzeichen kann die Gesamtfahrzeit, der Transportpreis, die erforderliche Steuerfolge und ihre mehr oder weniger leichte Erzeugbarkeit und anderes gewählt werden. Wichtig ist auch der Fall, daß das Kennzeichen vorrangig aus dem gerade erreichten Knoten m_j (bei festliegendem Startknoten) bestimmt wird (z.B. bei Problemlöseprozessen und Spielen). Zur optimalen Auswahl von Kantenfolgen wurden vielfältige, z.B. in der Netzplantechnik, Operationsforschung und Transportoptimierung genutzte Algorithmen (Aufsuchen des kürzesten Weges etc.) entwickelt.

7. Ströme, Spannungen, Potentiale

In Verallgemeinerung der KIRCHHOFFschen Gesetze betrachtet man Graphen, in denen die Summe der (vorzeichenbehafteten) Kantengewichte in jedem Knoten und in jedem Zyklus gleich 0 ist. Damit gelingt es, eine Vielzahl von Fragestellungen der Netzwerkanalyse, Transportoptimierung und anderer, mit Erhaltungssätzen erfaßbarer Problemkreise zu beschreiben. Auch Kodierungsprobleme, sowohl im nachrichtentechnischen als auch im automatentheoretischen Sinn, lassen sich hier einordnen.

8. Aufzählungen, Abschätzungen
Kombinatorische Fragestellungen, z.B. nach der Anzahl der Knotenpunkte, Graphen, Teilgraphen etc. mit gegebenen Eigenschaften, spielen in der Graphentheorie eine große Rolle. Ihre Ergebnisse sollten nicht unterschätzt werden, weil sie oft Aussagen über die Effektivität oder Durchführbarkeit von Rechnungen gestatten.

Die genannten Problemklassen erheben nicht den Anspruch, erschöpfend zu sein. Sie lassen sogar eine Reihe von Lücken erkennen, die auch für unsere Zielstellungen ungelöste Probleme bedeuten. Insbesondere ist in den Klassen 6 und 7 bei der Untersuchung von Kantenfolgen oder Stromverteilungen die Zeit meist völlig unzureichend erfaßbar. Kantenfolgen werden nicht als zeitlicher Prozeß, sondern als fertiges Resultat gesehen, und bei Stromverteilungen wird der eingeschwungene Zustand berechnet. Theorie und Praxis haben hier noch Aufgaben zu bewältigen.

3.3. Analyse von Strukturgraphen

Wir betrachteten im Abschnitt 1.3. drei Typen von Schaltnetzwerken: Kontaktnetze, Gatternetze und Blockschaltungen. Zu ihrer Analyse setzt man Methoden ein, die mit den bisher erarbeiteten Begriffen erfaßbar sind. Da insbesondere die Kontaktnetze zu Unrecht etwas in Vergessenheit geraten sind, wollen wir einige der anzuwendenden Methoden darstellen.

Wir erkennen ein Kontaktnetz jetzt als einen Graphen mit binären Kantengewichten (Abb.3.9), wobei meist Kontaktzweipole betrachtet werden, also zwei der Knoten des Graphen eine besondere Bedeutung als Eingang und Ausgang des Stromes haben. Die Größen a bis f sind die Leitwerte der Kontakte, a=1 bedeutet eine leitende Verbindung zwischen (1) und (2). Der Gesamtleitwert der Schaltung zwischen (1) und (5) ist gesucht. Für den Fall der Reihenparallelschaltungen (keine Brückenzweige) kann man den Gesamtleitwert praktisch sofort als BOOLEschen Ausdruck notieren. In unserem Fall versagt diese Methode, und wir geben statt dessen einen allgemeineren Weg an.

Zunächst wandeln wir in anschaulicher Weise die Schaltung in den Graphen (Abb.3.9) um und bestimmen anschließend seine Adjazenzmatrix, in die wir die Kantengewichte eintragen (Abb.3.10). Da von jedem Knoten zu sich selbst stets eine leitende Verbindung besteht, füllen wir die Hauptdiagonale mit Einsen aus (der Graph ist also reflexiv, und die Schlingen sind im Bild zur Vereinfachung weggelassen).

	1	2	3	4	5
1	1	a	b	0	0
2	a	1	c	d	0
3	b	c	1	e	g
4	0	d	e	1	f
5	0	0	g	f	1

Abb. 3.10

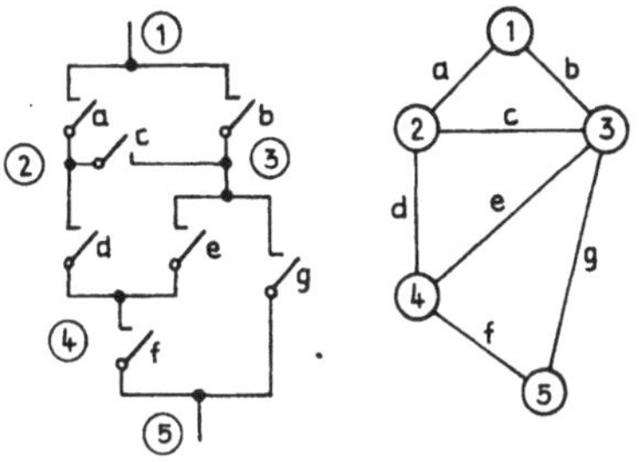

Abb. 3.9

Wir führen jetzt den Begriff der <u>BOOLEschen Determinante</u> einer Matrix ein, indem wir wie üblich den Wert der Determinante bestimmen, als Operationen sind jedoch statt der Multiplikation die Konjunktion und statt der Addition die Disjunktion zu benutzen. Für eine 3 x 3 -Matrix entsteht z.B.:

$$\begin{vmatrix} a_1 & a_2 & a_3 \\ a_4 & a_5 & a_6 \\ a_7 & a_8 & a_9 \end{vmatrix} = a_1 \begin{vmatrix} a_5 & a_6 \\ a_8 & a_9 \end{vmatrix} \vee a_2 \begin{vmatrix} a_4 & a_6 \\ a_7 & a_9 \end{vmatrix} \vee a_3 \begin{vmatrix} a_4 & a_5 \\ a_7 & a_8 \end{vmatrix}$$

$$= a_1(a_5a_9 \vee a_6a_8) \vee a_2(a_4a_9 \vee a_6a_7) \vee a_3(a_4a_8 \vee a_5a_7)$$

$$= a_1a_5a_9 \vee a_1a_6a_8 \vee a_2a_4a_9 \vee a_2a_6a_7 \vee a_3a_4a_8 \vee a_3a_5a_7 \; . \qquad (1)$$

Als <u>Unterdeterminante</u> eines Matrixelements bezeichnen wir die Determinante, die sich nach Streichen der Zeile und Spalte des gewählten Elements ergibt.

Zur Analyse unseres Kontaktnetzes (oder des dazugehörigen Graphen) können wir jetzt folgenden Algorithmus angeben:

Leitwertbestimmung im Kontaktnetz (A2)

1. In der Matrix (Adjazenzmatrix) des Graphen werden die Leitwerte der Netzwerkzweige als Kantengewichte vermerkt.
2. Der Leitwert (einschließlich aller im Netz vorhandenen Parallelzweige) zwischen m_i und m_j ist gleich der BOOLEschen Unterdeterminante des Matrixelements (m_j, m_i).

In unserem Beispiel bestimmen wir den Leitwert von (1) nach (5) (er ist gleich dem von (5) nach (1), weil im Netz keine Dioden, also im Graphen keine gerichteten Kanten auftreten).

$$\begin{vmatrix} a & 1 & c & d \\ b & c & 1 & e \\ 0 & d & e & 1 \\ 0 & 0 & g & f \end{vmatrix} = a \begin{vmatrix} c & 1 & e \\ d & e & 1 \\ 0 & g & f \end{vmatrix} \vee b \begin{vmatrix} 1 & c & d \\ d & e & 1 \\ 0 & g & f \end{vmatrix} =$$

$$= a\ c \begin{vmatrix} e & 1 \\ g & f \end{vmatrix} \vee a\ d \begin{vmatrix} 1 & e \\ g & f \end{vmatrix} \vee b \begin{vmatrix} e & 1 \\ g & f \end{vmatrix} \vee b\ d \begin{vmatrix} c & d \\ g & f \end{vmatrix} =$$

$$= acef \vee acg \vee adf \vee adeg \vee bef \vee bg \vee bcdf\ (\vee bdg).$$

Man verfolge alle diese leitenden Verbindungen in der Schaltung und im Graphen!

Die gezeigte Methode ist zweckmäßig, wenn Anfangs- und Endpunkt einer Bewegung im Graphen festliegen und alle möglichen Kantenfolgen zwischen ihnen zum Übergang zur Verfügung stehen. Wenn wie in unserem Beispiel jede Kante ein eigenes Kennzeichen hat, so kann aus dem Wert der Unterdeterminante sogar die Menge aller Kantenfolgen abgelesen werden.

Allgemeiner ist die Aufgabenstellung, im Graphen alle Kantenfolgen von m_i nach m_j oder alle Kantenfolgen einer gewissen Maximallänge (um Zyklen auszuschließen) zu berechnen. Dazu werden allgemein Matrizenoperationen benutzt, jedoch sind auch Listendarstellungen sehr effektiv. Oft interessiert nur, ob überhaupt Kantenfolgen zwischen den Knoten existieren. Dann kann man auf die Angabe der Kantengewichte verzichten, und die Matrix enthält nur Nullen und Einsen.

Auch mit den von uns betrachteten Matrizen (mit beliebigen Kantengewichten) kann die bekannte Matrizenmultiplikation nach dem Prinzip "Zeile mal Spalte" ausgeführt werden, wobei hier praktisch nur die Multiplikation einer Matrix A mit sich selbst vorkommt. Das Ergebnis sind Potenzen A^2, A^3,..., die wieder Matrizen der gleichen Größe sind. Ohne uns um Beweise zu bemühen und in einer bewußt praktizistischen Weise wollen wir die Zusammenhänge an Hand der Tabelle in Abb.3.11 erläutern.

Fall	Kantengewicht in A	Multiplikation	Addition	Kantengewicht in A^n
I	0,1	wie bei Zahlen	wie bei Zahlen	Zahl der Kantenfolgen
II	0,1	Konjunktion	Disjunktion	Existenz wenigstens einer Folge
III	Wahrscheinlichkeit $0 \leq p \leq 1$ für die Kante	wie bei Zahlen	wie bei Zahlen	Wahrscheinlichkeit $0 \leq p \leq 1$ für die Kantenfolge
IV	binäre Variable	Konjunktion	Disjunktion	Leitwert

Abb. 3.11

Als Kantengewichte (Matrixelemente) treten in den Fällen I und II die Werte 0 und 1 auf. Sie werden im Fall I als Zahlen aufgefaßt und behandelt, und das Ergebnis in der Matrix A^n (das an der gleichen Stelle stehende Matrixelement) ist wieder eine Zahl, die allerdings auch größer als 1 sein kann. Sie gibt die Anzahl der Kantenfolgen der Länge n an. In Abb.3.12 sind die Ergebnisse für den Graphen aus Abb.3.9 gezeigt, wobei die Schlingen nicht berücksichtigt wurden (Nullen in der Hauptdiagonale von A). Man liest z.B. ab, daß es im Graphen von (2) nach (3) 7 Folgen der Länge 3 gibt, die natürlich nicht alle im Sinne des Stromflusses von (1) nach (5) zu verstehen sind.

$$A = \begin{array}{c|ccccc|} & 1 & 2 & 3 & 4 & 5 \\ \hline 1 & 0 & 1 & 1 & 0 & 0 \\ 2 & 1 & 0 & 1 & 1 & 0 \\ 3 & 1 & 1 & 0 & 1 & 1 \\ 4 & 0 & 1 & 1 & 0 & 1 \\ 5 & 0 & 0 & 1 & 1 & 0 \\ \hline \end{array} \qquad A^2 = \begin{array}{|ccccc|} \hline 2 & 1 & 1 & 2 & 1 \\ 1 & 3 & 2 & 1 & 2 \\ 1 & 2 & 4 & 2 & 1 \\ 2 & 1 & 2 & 3 & 1 \\ 1 & 2 & 1 & 1 & 2 \\ \hline \end{array} \qquad A^3 = \begin{array}{|ccccc|} \hline 2 & 5 & 6 & 3 & 3 \\ 5 & 4 & 7 & 7 & 3 \\ 6 & 7 & 6 & 7 & 6 \\ 3 & 7 & 7 & 4 & 5 \\ 3 & 3 & 6 & 5 & 2 \\ \hline \end{array}$$

Abb. 3.12

Im Fall II zeigt eine 1 in A^n an, daß wenigstens eine Folge der Länge n von m_i nach m_j existiert. Der Fall III dient zur Berechnung von Übergangswahrscheinlichkeiten. Dazu müssen als Kantengewichte Wahrscheinlichkeitswerte so eingetragen werden, daß ihre Summe über alle abgehenden Kanten eines Knotens den Wert 1 ergibt. Näheres entnehme man der Literatur zu diskreten Markoff-Prozessen /17/ und stochastischen Automaten /27/. Der Fall IV entspricht in Bezug auf die Interpretation der Ergebnisse der oben mit Determinanten ausgeführten Rechnung. Verzichtet man bei der Ausführung der Matrizenmultiplikation auf die Benutzung des Kommutativgesetzes der Konjunktion und alle durch Absorption mögliche Vereinfachungen, so kann am Matrixelement in A^n nicht nur die Kantenfolge selbst, sondern auch die genaue Reihenfolge der Kanten abgelesen werden. Wir wollen dazu annehmen, daß der Strom in der Schaltung nur von oben nach unten (außer in den Brückenzweigen c und e) fließt und wieder Schlingen ausschließen. Dann entsteht die Matrix A aus Abb.3.13, und A^2 ergibt sich rechnerisch wie dargestellt. Vom Problem her kann A^2 zu A^2_{korr} verändert werden, weil der Strom keinen Zweig zweimal durchfließt und nicht wieder zurückkehrt. Mit der gleichen Vereinfachung entsteht dann A^3_{korr}. Diese Korrekturen sind nur wegen der Schaltungsinterpretation sinnvoll. Faßt man den gleichen Graphen z.B. als Übergangsgraph eines Automaten oder als Verkehrsnetz auf, so fallen sie weg oder werden durch andere ersetzt.

Die Matrizenmultiplikation mit passend gewählten Elementen und Operationen (es gibt noch weitere Möglichkeiten) ist ein leistungsfähiges Arbeitsmittel zur Analyse von Bewegungsmöglichkeiten in Graphen. Es ist leicht programmierbar und nur im Falle relativ leerer Matrizen wenig speichereffektiv, so daß dann zu Listenalgorithmen übergegangen wird.

	1	2	3	4	5
1	0	a	b	0	0
2	0	0	c	d	0
3	0	c	0	e	g
4	0	0	e	0	f
5	0	0	0	0	0

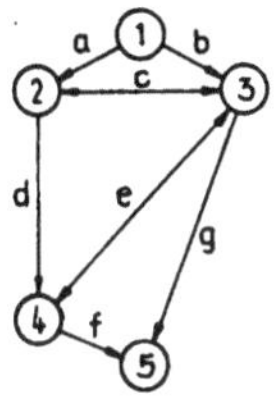

0	bc	ac	adv be	bg
0	cc	de	ce	cgv df
0	0	ccv ee	cd	ef
0	ec	0	ee	eg
0	0	0	0	0

A^2

0	bc	ac	adv be	bg
0	0	de	ce	cgv df
0	0	0	cd	ef
0	0	0	0	eg
0	0	0	0	0

A^2_{korr}

0	acc	adev bccv bee	bcdv ace	acgv adfv bef
0	dec	cee	dee	deg
0	0	cde	0	cdf
0	0	0	0	0
0	0	0	0	0

$A \cdot A^2_{korr}$

0	0	ade	bcdv ace	acgv adfv bef
0	0	0	0	deg
0	0	0	0	cdf
0	0	0	0	0
0	0	0	0	0

A^3_{korr}

Abb. 3.13

Strukturgraphen sind auch Gatternetze, in denen jedem Element eine Verknüpfungsoperation entspricht. Für uns wichtigste Vertreter sind die Schaltnetzwerke nach Abb.1.20. Jedes Gatter erzeugt Ausgangsgrößen, die gültige und verwertbare Eingangsgrößen für die nachfolgenden Gatter sein müssen. Nur unter dieser Bedingung sind Substitutionen ausführbar. Sie führen für das Schaltnetzwerk nach Abb.1.20 zur Anweisungsgleichung

$$f = ab \vee bc, \qquad (2)$$

wobei die Zwischensignale ab und bc durch das ODER-Element zum Ausgangssignal verknüpft werden. Ein Signalflußgraph nach Abb. 3.14 kann zwar zum Verständnis und für die Analyse von Signalpfaden, Laufzeiten etc. nützlich sein. Er ist aber grundsätzlich von den Leitwertgraphen (z.B. nach Abb.3.13) verschieden, da seine Kanten keine Leitwerte repräsentieren. Die gelegentlich geübte Praxis, als Leitwerte die Ableitungen der sekundären nach den primären Größen einzutragen und damit z.B. empfindliche Pfade zu Prüfzwecken zu bestimmen, ist,als grundsätzlich fehlerhaft und nur in Ausnahmefällen (dynamische Orthogonalität im gesamten Netz) gültig,abzulehnen.

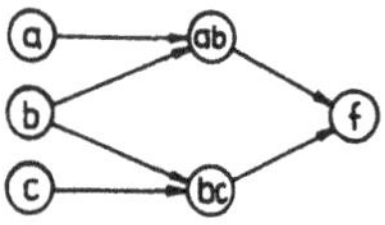

Abb. 3.14

Substitutionen sind prinzipiell beliebig oft möglich, so daß es stets möglich scheint, die Abhängigkeit der Ausgangsgrößen von den Eingangsgrößen als explizite BOOLEsche Gleichung zu notieren. Der Weg versagt aber, wenn Rückkopplungen im Netzwerk auftreten. Grundsätzlich benutzt man dann den Weg, die Zyklen aufzutrennen und an den Trennstellen Zwischenvariable mit Speichercharakter einzuführen. Es gibt zur Bestimmung der Zyklenart und -zahl sehr viele Untersuchungen und Algorithmen, auf die hier nur verwiesen werden soll /12, 19, 20/.

Blockschaltbilder müssen prinzipiell der gleichen Forderung nach Signalkompatibilität wie Gatternetze genügen. Sie wird oft dadurch abgeschwächt, daß in den Blöcken beliebige Kodewandler zulässig sind, so daß die Verbindungen zwischen den Blöcken nur die Tatsache, nicht aber die Art des Informationsaustausches kennzeichnen. Trotzdem lassen sich u.U. Aussagen über das Verhalten des Netzes gewinnen (vgl. Abb.1.21 und Abschnitt 4.7.).

3.4. Graphen in binären Räumen

Im Abschnitt 2.4. zeigten wir, daß durch eine BOOLEsche Differentialgleichung vom Typ

$$g(\underline{x}, \underline{dx}) = 0 \qquad (1)$$

ein Graph definiert ist, der aus allen Kanten $(\underline{x}, \underline{dx})$ in B^k besteht, die Nullstellen von (1) sind. Im Unterschied zum gebräuchlichen Vorgehen liegt als Knotenmenge die Menge der 2^k Binärvektoren (Punkte in B^k) bereits fest. Oft genügen jedoch geringere Knotenzahlen, zu denen man praktisch auf zwei Wegen kommen kann:

- der Raum B^k wird durch eine statische Nebenbedingung

  $$h(\underline{x}) = 0 \qquad (2)$$

  auf die Lösungsmenge von (2) eingeschränkt,

- es werden nur die Punkte des Raumes als Knoten des Graphen aufgefaßt, die mit wenigstens einer Kante inzidieren.

Im ersten Fall ist der größtmögliche Graph der vollständige Graph, der alle Kanten zwischen Punkten mit h=0 enthält. Alle seine Kanten genügen damit den Gleichungen

$$h = 0 \quad ,$$
$$dh = 0 \quad , \qquad (3)$$

die zu

$$\operatorname*{Max}_{\underline{x}} h = h \vee dh = 0 \qquad (4)$$

zusammengefaßt werden können. Letztere Gleichung ist die Differentialgleichung des vollständigen Teilgraphen im Teilraum h=0. Graph und Differentialgleichung entsprechen einander. Damit können Differentialgleichungen mit Hilfe von Graphen, aber auch Graphen mit Hilfe von Differentialgleichungen beschrieben und untersucht werden. Dieser Weg ist in /6/ umfassend dargestellt, und wir wollen nur einige für unsere Anwendungen wichtige Aussagen herausgreifen.

Durch

$$f(\underline{x}, \underline{dx}) = 0 \tag{5}$$

und

$$g(\underline{x}, \underline{dx}) = 0 \tag{6}$$

seien zwei Graphen gegeben. Ihr Durchschnitt (gemeinsame Kanten) ist dann der zu

$$f(\underline{x}, \underline{dx}) \vee g(\underline{x}, \underline{dx}) = 0 \tag{7}$$

gehörende Graph (alle entweder durch (5) oder (6) verbotenen Kanten sind verboten). Die Vereinigung entsteht durch

$$f(\underline{x}, \underline{dx}) \wedge g(\underline{x}, \underline{dx}) = 0 \tag{8}$$

(verboten sind nur die in beiden Graphen verbotenen Kanten). Das Komplement in B^k entsteht durch Negation:

$$\overline{f(\underline{x}, \underline{dx})} = 0 \tag{9}$$

beschreibt den Graphen, der alle bei (5) fehlenden Kanten enthält.

Der zu (6) gehörende Graph ist Teilgraph des zu (5) gehörenden genau dann, wenn gilt

$$f(\underline{x}, \underline{dx}) \leq g(\underline{x}, \underline{dx}) \tag{10}$$

bzw.

$$f(\underline{x}, \underline{dx})\ \overline{g(\underline{x}, \underline{dx})} = 0. \tag{11}$$

Die Gleichung eines beliebigen, im Teilraum h=0 befindlichen Graphen ist nach (4), (5) und (11)

$$(h \vee dh)\ \overline{f(\underline{x}, \underline{dx})} = 0. \tag{12}$$

Mit $\underline{x}_0$ sei ein fester Knoten bezeichnet. Dann können lokale Eigenschaften für diesen Knoten z.B. sein:

- In $\underline{x}_0$ ist eine Schlinge vorhanden:

$$f(\underline{x}_0, \underline{0}) = 0. \tag{13}$$

- In $\underline{x}_0$ gibt es keine abgehenden Kanten oder Schlingen:

$$\overline{f(\underline{x}_0, \underline{dx})} \equiv 0 . \tag{14}$$

- Aus $\underline{x}_0$ führen Kanten zu jedem Punkt in B^k:

$$f(\underline{x}_0, \underline{dx}) \equiv 0 . \tag{15}$$

Auch globale Eigenschaften können anschaulich erfaßt werden:

$$f(\underline{x}, \underline{0}) \equiv 0 \qquad (16)$$

besagt, daß jeder Knoten $\underline{x}$ eine Schlinge trägt.

Die Formulierung der Graphengleichung in der Gestalt (5) ist darauf bezogen, daß alle Kanten mit f=1 verboten sind. Anschaulich kommt man jedoch bei der Synthese eines Graphen oft durch Aufzählen der vorhandenen Kanten günstiger. Das bedeutet, daß zunächst $\bar{f}$ (die 1-Belegungen der Funktion $f(\underline{x}, \underline{dx})$) notiert wird und dann entweder durch eine Negation des Ergebnisses zu (5) übergegangen oder mit der Gleichung

$$\bar{f}(\underline{x}, \underline{dx}) = 1 \qquad (17)$$

gearbeitet wird. Wir zeigen das an einem Beispiel. Es sei ein Graph in B^2 zu bestimmen, dessen Kanten nur einfache Koordinatenänderungen oder Schleifen darstellen. Dann ist für die vorhandene Kantenmenge die TVL aus Abb.3.15a zu notieren, sie beschreibt nach (17) die Gleichung

$$\overline{dx_1}\, dx_2 \vee dx_1\, \overline{dx_2} \vee \overline{dx_1}\, \overline{dx_2} = 1$$

bzw.

$$\overline{dx_1} \vee \overline{dx_2} = 1 .$$

x_1	x_2	dx_1	dx_2
–	–	0	1
–	–	1	0
–	–	0	0

a)

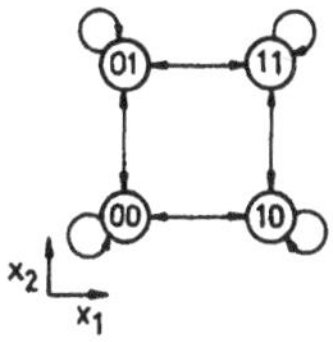

b)

Abb. 3.15

Ihre Negation führt zur Graphengleichung nach (5)

$$dx_1\, dx_2 = 0, \qquad (18)$$

deren anschauliche Deutung das Verbot der gleichzeitigen Änderung von x_1 und x_2 ist. Der Graph ist in Abb.3.15b gezeigt.

Die bisher betrachteten Graphen enthielten weder Knoten- noch Kantengewichte. Beides benötigen wir für die Anwendungen. Es sei ein Graph durch (5) gegeben. Wir betrachten eine binäre Funktion $q(\underline{x})$. Sie stellt ein binäres Knotengewicht dar, denn jedem Knoten wird entweder $q=0$ oder $q=1$ zugeordnet. Ist die Funktion q so beschaffen, daß für jede im Graphen vorhandene Kante $dq=1$ ist (q ändert sich längs jeder Kante), so handelt es sich um einen bipartiten Graphen (in einem PETRI-Netz mögen beispielsweise die Plätze mit $q=1$ und die Transitionen mit $q=0$ gekennzeichnet sein). Jeder bipartite Graph nach (5) genügt demnach der Gleichung

$$\bar{f}\ \overline{dq} = 0 \,. \tag{19}$$

Umgekehrt kann ein Graph genau dann schwarz-weiß gefärbt werden, so daß ein bipartiter Graph entsteht, wenn es eine Funktion q gibt, die (19) identisch erfüllt. Sollen mehr als zwei verschiedene Knotengewichte (Farben) benutzt werden, so müssen entsprechend mehr Funktionen $q_i(\underline{x})$ eingeführt werden, wobei für alle Knoten gleicher Farbe der gleiche Wert des Vektors $\underline{q}$ gewählt wird. Der berühmte Vierfarbensatz bedeutet dann, daß es für jeden planaren Graphen zwei Funktionen q_1 und q_2 gibt, von denen sich längs einer beliebigen Kante wenigstens eine ändert (für einen Beweisversuch mit den Mitteln des BOOLEschen Differentialkalküls müßte zunächst eine Differentialgleichung aller planaren Graphen gefunden werden).

Kantengewichte sind im gleichen Sinne Funktionen $p(\underline{x}, \underline{dx})$ und können als Verallgemeinerung angesehen werden. Ein Graph mit Knoten- und Kantengewichten ist damit durch ein Gleichungssystem

$$\begin{aligned} f(\underline{x}, \underline{dx}) &= 0 \\ q_1 &= \varphi_1(\underline{x}), \\ &\vdots \\ q_n &= \varphi_n(\underline{x}), \\ p_1 &= \psi_1(\underline{x}, \underline{dx}), \\ &\vdots \\ p_m &= \psi_m(\underline{x}, \underline{dx}) \end{aligned} \tag{20}$$

gegeben. Nach der im Abschnitt 2.3. gezeigten Methodik kann statt des Gleichungssystems (20) eine Einzelgleichung

$$F(\underline{p}, \underline{q}, \underline{x}, \underline{dx}) = 0 \tag{21}$$

geschrieben werden, die einen gewichteten Graphen allgemein kennzeichnet.

Ein Graph sei nach (5) oder unter Benutzung von Knotengewichten in der Form

$$F(\underline{q}, \underline{x}, \underline{dx}) = 0 \qquad (22)$$

gegeben, von dem angenommen werde, daß die Gleichung nach den $\underline{dx}$ in der Form

$$\underline{dx} = g(\underline{x}) \qquad (23)$$

oder

$$\underline{dx} = G(\underline{q}, \underline{x}) \qquad (24)$$

aufgelöst werden kann. Dann wird durch g oder G jedem Knoten $\underline{x}$ eine Richtung $\underline{dx}$ zugeordnet (bei mehrdeutiger Auflösung gibt es mehrere Funktionen g oder G, also auch mehrere Richtungen). Die Gewichte $\underline{q}$ können dabei evtl. zur Unterscheidung mehrerer wegführender Kanten benutzt werden. Nach (2.4.-53) ist eine solche Auflösung genau dann möglich, wenn entweder

$$\min_{\underline{dx}}^{k} f(\underline{x}, \underline{dx}) = 0 \qquad (25)$$

oder

$$\min_{\underline{dx}}^{k} F(\underline{q}, \underline{x}, \underline{dx}) = 0 \qquad (26)$$

ist. Falls durch (5) oder (22) ein Automatengraph beschrieben ist, dann ist die gezeigte Auflösung die Grundlage der Synthesealgorithmen binärer Automaten (siehe Abschnitt 4.5.).

Eine weitere wichtige Anwendung der Minimum-Operation besteht in der Möglichkeit, einzelne Koordinaten des BOOLEschen Raumes zu eliminieren oder, was dasselbe ist, Projektionen entlang dieser Koordinaten auszuführen. Wir nehmen an, daß ein Graph durch

$$f(x_1, x_2, \dots, x_k, dx_1, dx_2, \dots, dx_k) = 0 \qquad (27)$$

gegeben ist (es dürfen auch Knotengewichte vorkommen). Durch

$$\min_{x_1, dx_1}^{2} f(\underline{x}, \underline{dx}) = 0 \qquad (28)$$

ist dann ebenfalls ein Graph beschrieben, in dem jedoch die beiden Teilgraphen für $x_1=0$ und $x_1=1$ durch Projektion verschmolzen wurden.

Wir betrachten als Beispiel den Graphen in Abb.3.16a und den durch "Zusammenpressen in x_1-Richtung" entstandenen Graphen in

Abb.3.16b. Er enthält alle Informationen über Bewegungsmöglichkeiten im Graphen unter der Annahme, daß x_1-Werte und -Änderungen nicht beobachtbar sind. Zur Übung stelle man die Graphengleichung (5) auf und berechne nach (28) das Minimum!

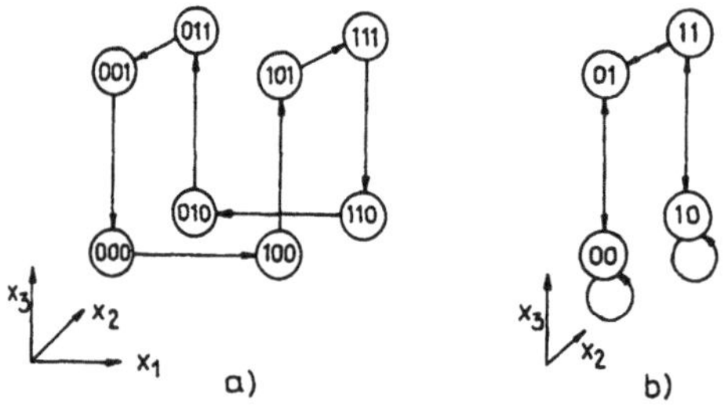

Abb. 3.16

4. Automatenentwurf

4.1. LAGRANGE -Gleichungen

Wir betrachten einen Automaten, der durch seine Bestimmungsstükke E, A, S, δ und λ wie in Abschnitt 1.2. gegeben sei. Die Eingangs-, Ausgangs- und Speichergrößen wollen wir durch Binärvektoren passender Länge kennzeichnen (kodieren):

$$e \rightarrow \underline{x} = (x_1,\dots,x_k), \quad x_i \in B, \qquad (1)$$

$$s \rightarrow \underline{y} = (y_1,\dots,y_l), \quad y_i \in B, \qquad (2)$$

$$a \rightarrow \underline{z} = (z_1,\dots,z_m), \quad z_i \in B. \qquad (3)$$

Die Länge der Binärvektoren muß so groß sein, daß jedem e, a oder s eindeutig ein binäres Kennzeichen zugeordnet werden kann, dabei muß aber nicht jeder Binärvektor auch ein nichtbinäres Gegenstück haben. Die Funktionen δ und λ gehen in binäre Funktionenbündel über:

$$^1s = \delta(e, s) \quad \rightarrow \quad ^1\underline{y} = f(\underline{x}, \underline{y}), \qquad (4)$$

$$a = \lambda(e, s) \quad \rightarrow \quad \underline{z} = h(\underline{x}, \underline{y}). \qquad (5)$$

Die binären Gleichungen in (4) und (5) sind Abkürzungen für die beiden expliziten Gleichungssysteme:

$$\begin{aligned} ^1y_1 &= f_1(\underline{x}, \underline{y}), \\ &\vdots \\ ^1y_l &= f_l(\underline{x}, \underline{y}), \end{aligned} \qquad (6)$$

$$\begin{aligned} z_1 &= h_1(\underline{x}, \underline{y}), \\ &\vdots \\ z_m &= h_m(\underline{x}, \underline{y}). \end{aligned} \qquad (7)$$

Diese (oft als kanonische Gleichungen oder schlechthin als BOOLEsche Gleichungen des Automaten bezeichneten) Gleichungen sind das Kernstück aller Entwurfsalgorithmen. Es sind Schritte erforderlich, um vom Problem zu den Gleichungen zu gelangen, und es sind weitere Schritte erforderlich, um von den Gleichungen zur Schaltungs- oder Programmstruktur zu gelangen. Beide Aufgabenstellungen sollen in diesem Kapitel behandelt werden.

Falls (z.B. durch die Kodierung) nicht alle $\underline{x}$ und/oder $\underline{y}$ benutzt werden, so sind die restlichen durch eine statische Nebenbedingung

$$\varphi(\underline{x}, \underline{y}) = 0 \qquad (8)$$

auszuschließen.

Die Gleichungen (6) und (7) sind sehr anschaulich erklärbar: durch die Funktion f_i wird der binären Speichergröße y_i ihr neuer Wert, der aus dem momentan vorliegenden Wertevektor $(x_1,\dots,x_k,\ y_1,\dots,y_l)$ berechnet wird, zugewiesen. Gleiches geschieht durch die Funktion h_j für die Ausgangsgröße z_j. Falls alle Funktionen h_j von allen Variablen x_i unabhängig sind, handelt es sich um einen MOORE-Automaten, sonst um einen MEALY-Automaten.

Als Beispiel geben wir das Gleichungssystem

$$^1y_1 = x\,\bar{y}_1 \vee y_1\,y_2,$$

$$^1y_2 = \bar{x}(y_1 \sim y_2),$$

$$z = \bar{y}_1$$

an, das einen binären MOORE-Automaten mit zwei binären Speichergrößen und je einer Eingangs- und Ausgangsgröße beschreibt. Die Funktionswerte von $\underline{y}$ und z können daraus berechnet und tabellarisch oder graphisch dargestellt werden (Abb.4.1).

y_1 y_2	$^1y_1$	$^1y_2$	z
0 0	0 1	0 0	1 1
0 1	0 1	1 0	1 1
1 1	1 1	0 0	0 0
1 0	0 0	1 0	0 0
	0 1 x		

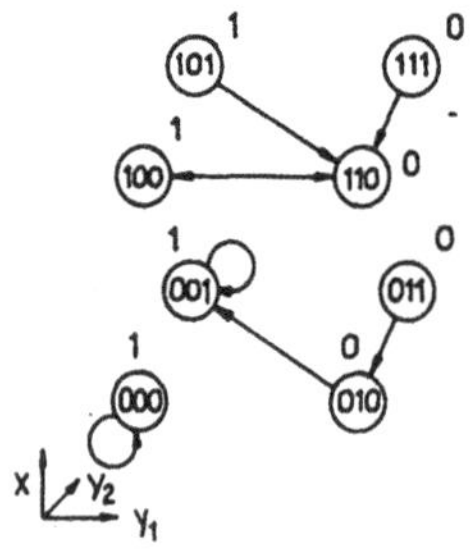

Abb. 4.1

Im Abschnitt 2.3. hatten wir gezeigt, wie ein System binärer Gleichungen zu einer einzigen Gleichung zusammengefaßt werden kann. Führen wir die gleiche Überlegung mit dem Gleichungssystem (6), (7) durch, so erhalten wir durch Homogenisieren und anschließendes Zusammenfassen eine Gleichung der Form

$$L(\underline{x},\ \underline{y},\ {}^1\underline{y},\ \underline{z}) = 0, \tag{9}$$

wobei gilt

$$L(\underline{x},\underline{y},{}^1\underline{y},\underline{z}) = \bigvee_{i=1}^{l} ({}^1y_i \nsim f_i(\underline{x},\underline{y})) \vee \bigvee_{j=1}^{m} (z_j \nsim h_j(\underline{x},\underline{y})). \tag{10}$$

Betrachten wir einen Automaten ohne Ausgang (MEDWEDJEW-Automat), so erhalten wir

$$L(\underline{x},\ \underline{y},\ {}^1\underline{y}) = 0 \tag{11}$$

als einzige den Automaten beschreibende Gleichung. Da zu (11) das lösungsäquivalente Gleichungssystem (6) gehört, das eine Auflösung von (11) nach ${}^1\underline{y}$ darstellt, muß (11) stets der Bedingung

$$\min_{{}^1\underline{y}}{}^1\ L(\underline{x},\ \underline{y},\ {}^1\underline{y}) = 0 \tag{12}$$

genügen. Nicht jede Funktion L ist also geeignet, einen Automaten zu kennzeichnen.

Durch (4) wird jedem Vektor ($\underline{x}$, $\underline{y}$) ein neuer Speicherzustand ${}^1\underline{y}$ eindeutig zugeordnet. Im Abschnitt 1.2. hatten wir Vektoren (e, s, ^{1}s, a) oder (e, s, ^{1}s) als Phasen bezeichnet. Dieselben Begriffe übertragen wir auf binäre Automaten:

Jeder Vektor ($\underline{x}$, $\underline{y}$, ${}^1\underline{y}$, $\underline{z}$), ($\underline{x}$, $\underline{y}$, ${}^1\underline{y}$) oder ($\underline{y}$, ${}^1\underline{y}$) heißt Phase. Falls er eine Lösung (Nullstelle) der Gleichung (9), (11) oder

$$L(\underline{y},\ {}^1\underline{y}) = 0 \tag{13}$$

ist, heißt er zulässige Phase. Die Gesamtheit der zulässigen Phasen ist eine Darstellung der durch den Automaten bewirkten Übergänge und Ausgangssignale. Wir bezeichnen sie als das Verhalten des binären Automaten und kommen zu der wichtigen Feststellung: das Verhalten eines Automaten ist durch die Nullstellen einer einzigen BOOLEschen Gleichung vom Typ (9), (11) oder (13) bestimmt. Die Verhaltensanalyse wird zur Analyse dieser Gleichung. In Abb.4.2a ist die TVL der Nullstellen für die L-Gleichung zu unserem Beispiel

$$({}^1y_1 \nsim x\bar{y}_1 \nsim y_1y_2) \vee ({}^1y_2 \nsim \bar{x}y_1 \nsim \bar{x}y_2) \vee (z \nsim \bar{y}_1) = 0$$

angegeben, die rechnerisch leicht bestimmt werden kann.

a)

x	y_1	y_2	${}^1y_1$	${}^1y_2$	z
0	0	0	0	0	1
0	0	1	0	1	1
-	1	1	1	0	0
0	1	0	0	1	0
1	1	0	0	0	0
1	0	-	1	0	1

b)

x	y_1	y_2	$\dot{y}_1$	$\dot{y}_2$	z
0	0	-	0	0	1
-	1	1	0	1	0
0	1	0	1	1	0
1	0	1	1	1	1
1	0	0	1	0	1
1	1	0	1	0	0

Abb. 4.2

Aus dieser Phasenliste kann der Graph nach Abb.4.1 ebenfalls abgelesen werden, wenn wir eine Kante vom Knoten $\underline{y}$ zum Knoten ${}^1\underline{y}$ genau dann zeichnen, falls $({}^1\underline{y}, \underline{y})$ in einer Nullstelle vorkommt. Die Werte von x und z spielen die Rolle von Kanten- und Knotengewichten.

Um zu Graphengleichungen der Form

$$f(\underline{x}, \underline{dx}) = 0 \tag{14}$$

zu gelangen, erinnern wir uns an die im Abschnitt 2.4. eingeführten zeitlichen Änderungsgrößen $\dot{\underline{y}}$:

$$\dot{\underline{y}}_i(t) = y_i(t) \nsim y_i(t+1) \ . \tag{15}$$

Die Werte von ${}^1y_i$ entnehmen wir dem Gleichungssystem (6) und erhalten

$$\dot{y}_i = y_i \nsim f_i(\underline{x}, \underline{y}). \tag{16}$$

Die rechte Seite schreiben wir als $g_i(\underline{x}, \underline{y})$ und erhalten das zu (6) äquivalente Gleichungssystem

$$\begin{aligned} \dot{y}_1 &= g_1(\underline{x}, \underline{y}) , \\ &\vdots \\ \dot{y}_l &= g_l(\underline{x}, \underline{y}) \ . \end{aligned} \tag{17}$$

Selbstverständlich kann auch dieses zu einer einzigen Gleichung zusammengefügt werden, die wir aus methodischen Gründen ebenfalls mit L bezeichnen:

$$L(\underline{x}, \underline{y}, \dot{\underline{y}}) = 0 \ . \tag{18}$$

Auch die Vektoren ($\underline{x}$, $\underline{y}$, $\dot{\underline{y}}$), ($\underline{y}$, $\dot{\underline{y}}$) und ($\underline{x}$, $\underline{y}$, $\dot{\underline{y}}$, $\underline{z}$) werden als Phasen bzw. zulässige Phasen bezeichnet. Unter Beachtung von (2.4.-39) erkennen wir (18) als Gleichung eines mit $\underline{x}$ gewichteten Graphen. Er enthält genau die Kanten, die zulässige Übergänge (Verhaltensweisen) des Automaten darstellen. Auf Grund der Tatsache, daß jede Bewegung entlang der Graphenkanten immer nur für L = 0 erfolgen kann, wurde in Anlehnung an das Prinzip des kleinsten Zwanges für Gleichungen der Typen (18), aber auch (9) und daraus abgeleiteter Fälle die Bezeichnung LAGRANGE-Gleichung gewählt /6/.

Die Umrechnung nach (16) ergibt für unser Beispiel

$$\dot{y}_1 = x\,\bar{y}_1 \nsim y_1\,\bar{y}_2,$$
$$\dot{y}_2 = \bar{x}\,y_1 \nsim x\,y_2,$$
$$z = \bar{y}_1$$

und die LAGRANGE-Gleichung

$$(\dot{y}_1 \nsim x\bar{y}_1 \nsim y_1\bar{y}_2) \vee (\dot{y}_2 \nsim \bar{x}y_1 \nsim xy_2) \vee (z \nsim \bar{y}_1) = 0.$$

Ihre Lösungsvektoren sind in Abb. 4.2b gezeigt. Sie bestimmen den gleichen Graphen.

Selbstverständlich gelten für LAGRANGE-Gleichungen, die ja spezielle Graphengleichungen sind, alle im 3. Kapitel, insbesondere im Abschnitt 3.4. gemachten Aussagen. Tiefere Untersuchungen zu Theorie und Anwendung der LAGRANGE-Gleichungen sind in /6, 25/ zu finden. Wir wollen sie als gleichberechtigtes Arbeitsmittel verwenden und nur ihre größere Leistungsfähigkeit an einem Beispiel belegen.

Wie schon bemerkt wurde, sind Gleichungen vom Typ (11) oder (18) stets eindeutig nach ${}^1\underline{y}$ bzw. $\dot{\underline{y}}$ auflösbar, wenn sie in der gezeigten Art und Weise entstanden sind. Das muß i.a. nicht der Fall sein. Die Auflösung kann mehrdeutig und/oder unter Nebenbedingungen möglich sein. Als Beispiel eliminieren wir nach (3.4.-27) die Speichervariable y_2 aus der LAGRANGE-Gleichung und erhalten nach der Bildung des Minimums die Graphengleichung

$$z\,y_1 \vee \bar{z}\,\bar{y}_1 \vee \bar{x}\,\bar{y}_1\,\dot{y}_1 \vee x\,\bar{y}_1\,\bar{\dot{y}}_1 = 0\,.$$

Der zu dieser Gleichung gehörende Graph ist in Abb.4.3a gezeigt. Er beschreibt ein nichtdeterministisches Verhalten, denn durch den Verzicht auf die Beobachtung der inneren Größe y_2 kann nach außen der Eindruck der Mehrdeutigkeit entstehen. Anwendungen zur

Fehleranalyse sind in /6/ beschrieben. Die Gleichung des nichtdeterministischen Automaten ist selbstverständlich nicht eindeutig in der Form (4) auflösbar.

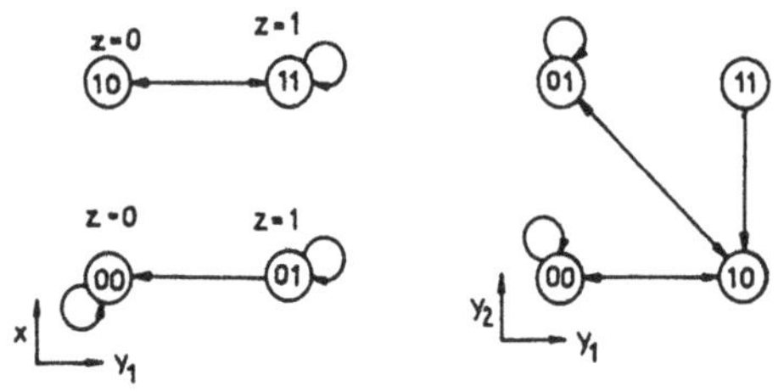

a) b)

Abb. 4.3

Praktisch bedeutsam ist auch die Annahme, daß die Eingangsgrößen unbekannt sind. Eine Projektion entlang der x -Koordinate bzw. die Bildung von

$$\min_x L(x, \underline{y}, \dot{\underline{y}}) = 0$$

liefert dann den Graphen (Abb.4.3b) der für beliebiges x im Speicher möglichen Übergänge.

Die Verwendung von LAGRANGE-Gleichungen erlaubt es, deterministische und nichtdeterministische Automaten gleichartig zu behandeln. Die $^1\underline{y}$ enthaltende Form (9) soll als sequentielle Form, die $\dot{\underline{y}}$ enthaltenden Typen wie (18) als spektrale Formen bezeichnet werden.

4.2. Schaltungsklassen, Entwurfsstrategien

Schaltnetzwerke können nach verschiedenen Gesichtspunkten klassifiziert werden. Der zunächst so zentral erscheinende Unterschied zwischen Hardware- und Softwarelösungen ist vom Standpunkt der Verhaltensanalyse gar nicht so bedeutsam, er gehört viel stärker in die Realisierungsphase. Wir wollen die Gliederung zunächst nach 3 Gesichtspunkten vornehmen, den verwendeten Speicherprinzipien (Abb.4.4), Taktierungsprinzipien (Abb.4.5) und der Art der

Steuerung (Abb.4.6).

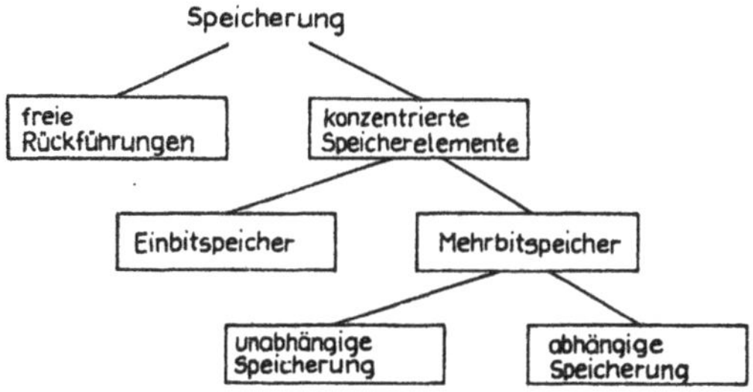

Abb. 4.4

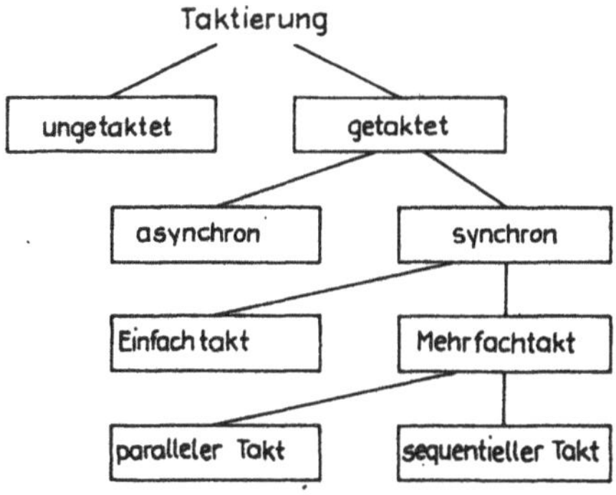

Abb. 4.5

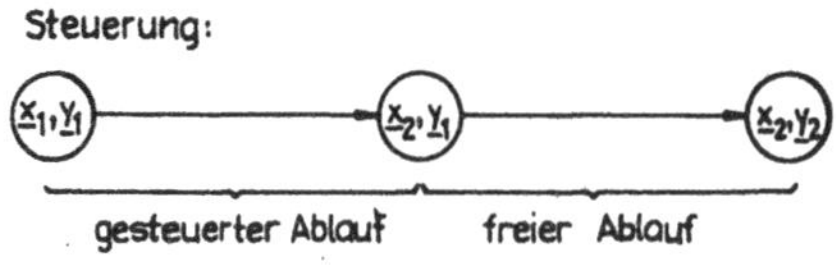

Abb. 4.6

Die wohl älteste Form der Speicherung ist die der Rückkopplung, ausgedrückt durch die Überführungsgleichungen des Automaten. Wird die Rückkopplung durch direkte Rückführung der $\underline{y}$-Signale bewirkt, so spricht man von freien Rückführungen. Beispiele sind Selbsthalteschaltungen mit Relais und Schaltungen aus diskreten kombinatorischen Bauelementen (Abb.4.7).

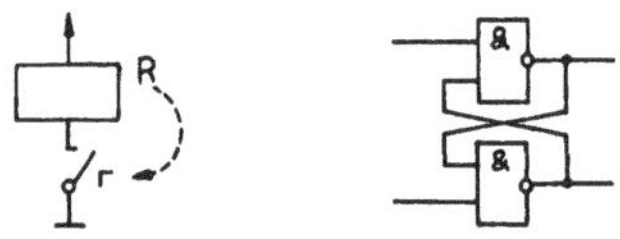

Abb. 4.7

Aus vielen, vorrangig technologischen Gründen strebt man danach, die Speicherwirkung lokal in Bauelementen oder festen Positionen zu konzentrieren. Das erreicht man in Einbitspeichern (Kippschalter, Flip-Flop, Magnetkern, Loch in der Lochkarte), die Binärvariable speichern können. Ganze Binärvektoren können in Mehrbitspeichern registriert werden, die meist aus einer Vielzahl konstruktiv gekoppelter Einbitspeicher bestehen. Für den Automatenentwurf ist wesentlich, ob der gesamte gespeicherte Binärvektor gleichzeitig verändert werden kann (z.B. in einem Register oder einem Byte des Kernspeichers) oder ob der neue Zustand evtl. erst nach einigen Zwischenschritten erreicht wird (z.B. bei Zählern oder Schieberegistern). Im ersten Fall sprechen wir von unabhängiger, im zweiten von abhängiger Speicherung. Sie erfordern unterschiedliche Entwurfsalgorithmen.

Die Taktierung dient zur Festlegung von Zeitpunkten im Schaltnetzwerk. In der Symbolik $\underline{y}(t+1)$ wird vorausgesetzt, daß eine Möglichkeit der Zeitmessung besteht. Im technisch einfachsten Fall wird als Zeitnormal die Signallaufzeit in den Rückkopplungszweigen benutzt (ungetaktete Schaltungen). Für den Entwerfer ergeben sich jedoch dabei sehr schwierige Aufgaben durch die Synchronisierung von Teilabläufen und die Stabilitätsforderungen /34/, so daß größere Systeme trotz einer gewissen Verringerung der Arbeitsgeschwindigkeit fast nur getaktet realisiert werden. Dazu gibt es mehrere Möglichkeiten. Wird das Taktsignal von einem Taktgenerator erzeugt, so erscheinen die Impulse meist mit einer nahezu konstanten Frequenz und in einem festen Zeitrahmen (synchroner Takt). Jedoch gibt es davon auch charakteristische Abweichungen (Handtakt, signalabhängige Takterzeugung, Start-Stop-Betrieb des Fernschreibers), die als asynchroner Takt bezeichnet werden müssen (die verbreitete Gewohnheit, "asynchron" und "ungetaktet" gleichzusetzen, ist oberflächlich). In kleineren Geräten genügt meist ein einzelner Taktimpuls je Periode, der die Neuberechnung der $\underline{y}$ und $\underline{z}$ veranlaßt (Einfachtakt). Zum Ausgleich unterschiedlicher Reaktionszeiten und zur Geschwindigkeitserhöhung kann es sinnvoll sein, mehrere synchrone Taktsignale ineinander zu schachteln und jedem y_i sein spezielles Taktsignal zuzuordnen (Abb.4.8).

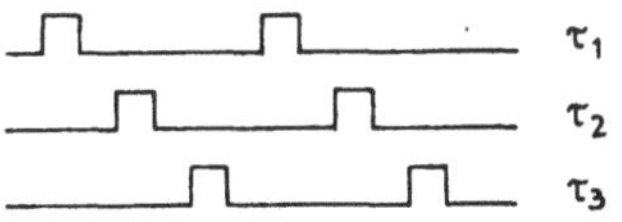

Abb. 4.8

Ein ungetaktetes Speicherelement arbeitet nach der Gleichung

$$\dot{y}_i = g_i(\underline{x}, \underline{y}) \ . \qquad (1)$$

Gibt es ein für alle Elemente gleiches Taktsignal τ , so gilt

$$\dot{y}_i = \tau \, g_i(\underline{x}, \underline{y}) \ , \qquad (2)$$

wobei jedoch das Taktsignal oft vereinbarungsgemäß (vgl. Abschnitt 4.1.) nicht in den Gleichungen mitgeschrieben wird. Gibt es mehrere Taktsignale (Mehrfachtakt), so muß

$$\dot{y}_i = \tau_i \, g_i(\underline{x}, \underline{y}) \qquad (3)$$

geschrieben werden, und die Verhaltensanalyse des Automaten wird erheblich komplizierter. Es erscheint zweckmäßig, noch zu unterscheiden, ob wenigstens gruppenweise zeitgleiche Taktierung erfolgt (paralleler Takt, gebräuchliche Mehrtaktsysteme der Rechentechnik) oder ob die einzelnen Speicherelemente für sich, in einer festen Reihenfolge taktiert werden (sequentieller Takt, vgl. /5/). Der letztere Fall liegt z.B. vor, wenn das Gleichungssystem (4.1.-6) nacheinander und ohne Zwischenspeicherung der Ergebnisse berechnet wird.

Ein Automatenzustand heißt stabil, wenn er sich selbst als Nachfolgezustand hat, d.h. wenn für kein y_i eine Änderung angewiesen wird. Allgemein, insbesondere bei ungetakteten Schaltungen, ist dazu die Bedingung

$$\dot{\underline{y}} = g(\underline{x}, \underline{y}) = \underline{0} \tag{4}$$

oder ausführlicher

$$\bigvee_{i=1}^{\ell} g_i(\underline{x}, \underline{y}) = 0 \tag{5}$$

zutreffend. In getakteten Systemen nach (2) ist natürlich auch die Bedingung $\tau = 0$ ausreichend. Der Übergang von einem stabilen Zustand zum nächsten wird durch eine Steuerung von außen bewirkt. Dabei ändern sich zunächst die Eingangsgrößen $\underline{x}$ und erst nach einer gewissen Zeit, z.B. für $\tau = 1$, wird die Änderung der $\underline{y}$ eingeleitet, die in endlicher, für verschiedene y_i unterschiedlicher Zeit erfolgt. Im Übergang sind demnach (Abb.4.6) der gesteuerte Ablauf (Heben des Hebdrehwählers, Laden des Eingangsregisters, Einstellen der Master-Eingänge) und der freie Ablauf zu unterscheiden, in dem ohne weitere Maßnahmen von außen der neue Zustand eingestellt wird. Es können dabei unterschiedliche Fehlererscheinungen in beiden Teilabläufen auftreten /3/. Wichtigste Steuerprinzipien sind die statische Steuerung (das Eingangssignal $\underline{x}$ liegt statisch an und kann während des gesamten freien Ablaufs benutzt werden) und die dynamische Steuerung (das Eingangssignal $\underline{x}$ startet den Übergang, der dann jedoch autonom abläuft, Flankensteuerung).

Wir stellen fest, daß es sehr viele Möglichkeiten gibt, einem abstrakten Automaten eine technische Struktur zuzuordnen. Es ist jedoch nicht so, daß anschließend an unsere bisherigen Überlegungen noch einmal der grundsätzliche Zusammenhang zwischen konkreten Realisierungstechnologien (Bauelemente- oder Befehlsbasis, Halbleitertechnologie etc.) und dem abstrakten Automaten hergestellt werden muß. Vielmehr lassen sich mit den genannten (und noch einigen weiteren) Begriffen Schaltungsklassen bilden, denen Entwurfsalgorithmen zugeordnet werden können. Selbstverständlich ist ein technischer Entwurf stets ein iterativer Prozeß, in dem auch die Verhaltensvorgabe nicht isoliert von der angestrebten Struktur gesehen werden darf. Im Interesse einer effektiven und wirtschaftlichen Arbeit empfiehlt es sich jedoch, nicht zu viele Klassen und Algorithmen zu benutzen und diesen angemessen die Automatensynthese durchzuführen.

Die älteste technisch genutzte Schaltungsklasse waren ungetaktete, statisch gesteuerte Schaltungen mit freien Rückführungen (Relaisschaltungen)/9/. In den 50 er Jahren wandte man sich den dynamisch gesteuerten ungetakteten Schaltungen zu /8/, um Bauelemente zu sparen, verließ sie jedoch wegen der Entwurfs- und Betriebsschwierigkeiten wieder. Mit der Vergrößerung der Schaltungen entstanden getaktete Systeme mit Flip-Flops, Magnetkernen und anderen magnetischen Speicherelementen. Die beginnende Mikroelektronik orientierte zunächst auf freie Rückführungen mit kombinatorischen Elementen, bald entstanden jedoch mittelintegrierte Schaltkreise, deren Verhalten nur noch durch feste Taktierung zu beherrschen war. Gegenwärtig dominiert die statische Steuerung in Bezug auf informationstragende Signale nahezu vollständig, dynamische Steuerung findet man nur in Bezug auf Taktsignale. Interessant sind jedoch Tendenzen, das Prinzip der dynamischen Steuerung auf Schaltungsteile auszudehnen und damit eine relative Autonomie von Teilsystemen zu erreichen (semimodulare Automaten /21/, aperiodische Automaten /33/ u.a.). Auch das Prinzip der freien Rückführungen hat nach wie vor Bedeutung, jedoch nicht als ungetaktete Lösung, sondern im Zusammenhang mit (z.B. vom Taktsignal flankengesteuerten) D-Flip-Flops im Rückkopplungszweig.

Der konstruktive Prozeß der Erarbeitung eines Schaltnetzwerkes wird als <u>Entwurf</u> bezeichnet. Er besteht aus einer Anzahl von Schritten, die sich grob in die 4 Stufen

1. Systementwurf,
2. Strukturentwurf,
3. Parameterentwurf,
4. Technologieentwurf

einteilen lassen. Die verschiedenen Stufen müssen dabei dem Ziel (z.B. Schaltkreis, Gerät, Programm) angepaßt werden und sind auch nicht voll voneinander zu trennen. Der Unterschied besteht vorrangig in den benutzten Mitteln und Methoden. Unsere Ziele sind beim Strukturentwurf zu finden, und die innere Gliederung dieses Entwurfsschrittes muß so beschaffen sein, daß die Aufgabenstellungen vom Systementwurf übernommen und dem Parameterentwurf (elektrisch - physikalische Dimensionierung) anschließend übergeben werden können. Sie ist in Abb.4.9 skizziert. Dem Weg folgen prinzipiell alle Entwurfsstrategien, wobei jedoch in jeder Ebene verschiedene Darstellungsmittel zur Verfügung stehen und deshalb auch die Übergänge zwischen den Ebenen und die lokalen Optimierungsschritte (Schleifen) noch präzisiert werden müssen. Eine Auswahl aus den vielen Möglichkeiten ist in Abb. 4.10 gezeigt. Ein vollständiges Entwurfssystem (-programmsystem, -lehrbuch) sollte jeden darin möglichen Schritt behandeln können. Das ist aus Aufwandsgründen nicht möglich, außerdem spielen immer aktuelle Schaltungslösungen und "moderne" Beschreibungsmethoden eine Vorzugsrolle. In manchen Fällen gelingt es auch, mehrere Schritte unter speziellen Bedingungen zu vereinigen (z.B. gemeinsame Zustandsreduktion und -kodierung /11/).

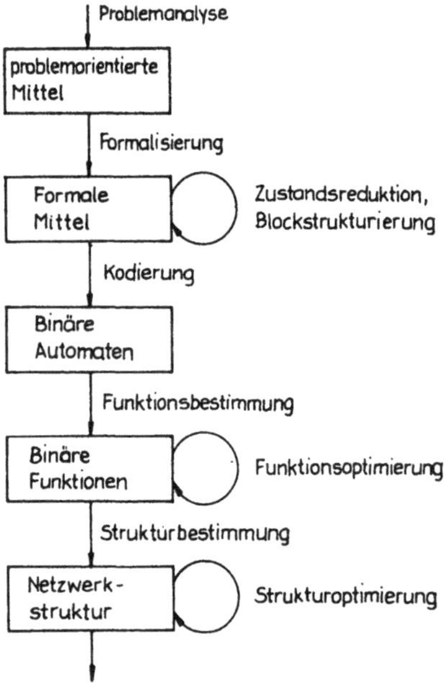

Abb. 4.9

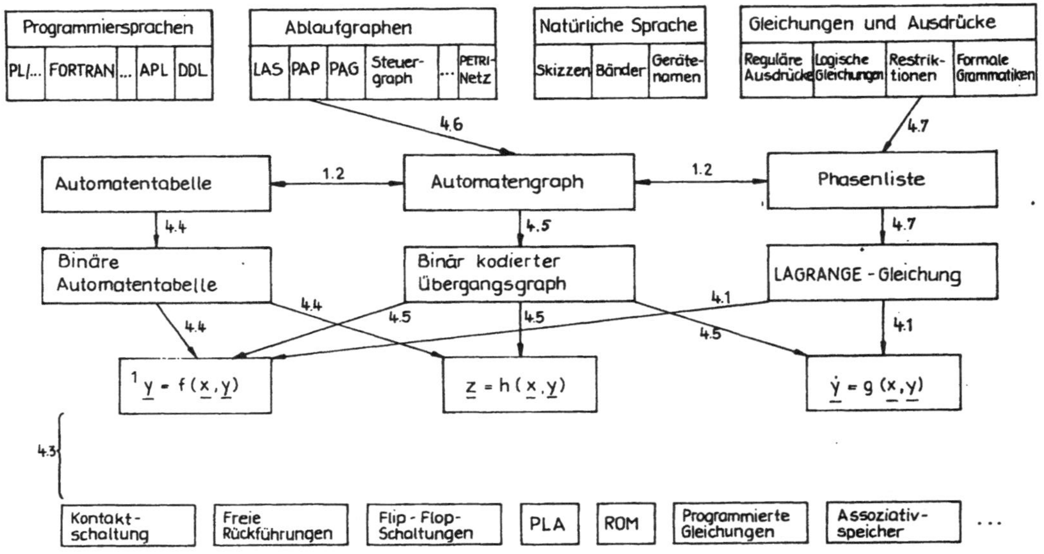
Programmiersprachen
PL/... FORTRAN ... APL DDL
Ablaufgraphen
LAS PAP PAG Steuergraph ... PETRI-Netz
Natürliche Sprache
Skizzen Bänder Gerätenamen
Gleichungen und Ausdrücke
Reguläre Ausdrücke Logische Gleichungen Restriktionen Formale Grammatiken
4.6
4.7
Automatentabelle
1.2
Automatengraph
1.2
Phasenliste
4.4
4.5
4.7
Binäre Automatentabelle
Binär kodierter Übergangsgraph
LAGRANGE - Gleichung
4.4
4.4
4.5
4.5
4.5
4.1
4.1
1 y = f(x, y)
z = h(x, y)
ẏ = g(x, y)
4.3
Kontakt-schaltung
Freie Rückführungen
Flip-Flop-Schaltungen
PLA
ROM
Programmierte Gleichungen
Assoziativ-speicher
...

Abb. 4.10

Wir wählen folgende, in den nächsten Abschnitten zu behandelnde Schritte aus:

Abschnitt 4.3.: Strukturbestimmung,
Abschnitt 4.4.: Entwurf aus Automatentabellen,
Abschnitt 4.5.: Entwurf aus Automatengraphen,
Abschnitt 4.6.: Vom Programmablaufplan zum Automatengraphen,
Abschnitt 4.7.: Von Restriktionen zur Phasenliste.

Wir haben früher gezeigt, wie Umformungen innerhalb einer Ebene auszuführen sind, so daß z.B. mit einer Phasenliste auch der Automatengraph entsteht. Der Übergang von Programmzeilen zur Phasenliste wurde z.B. im Abschnitt 1.4. behandelt. Auf einige wesentliche Schritte (insbesondere Optimierungsschritte) muß hier verzichtet werden.

4.3. Strukturbestimmung

Wir nehmen nach Abb.4.10 an, daß die Gleichungssysteme

$$^{1}\underline{y} = f(\underline{x}, \underline{y}), \qquad (1)$$

$$\underline{z} = h(\underline{x}, \underline{y}) \qquad (2)$$

gegeben sind. Im Falle eines kombinatorischen Systems sind nur Gleichungen der Art

$$\underline{z} = h(\underline{x}) \qquad (3)$$

gegeben.

Bei einer Schaltungsrealisierung durch Kontakte oder kombinatorische niedrig integrierte Schaltkreise sind nur den Funktionen f und h nach den Prinzipien der Schaltalgebra Schaltungen zuzuordnen /3, 9/, deren Ausgänge für die Eingangsgrößen ($\underline{x}$, $\underline{y}$) oder ($\underline{x}$) die Werte f und h annehmen. Bei ungetakteten Schaltungen mit freien Rückführungen (aus Sicherheitsgründen auch dann, wenn ein Register aus D-Flip-Flops zur Speicherung benutzt wird) ist als Stabilitätsbedingung zu beachten, daß jede Trajektorie in einem stabilen Zustand endet, d.h. daß für konstantes $\underline{x}$ nach möglichst wenig Änderungen ein Zustand $\underline{y}$ erreicht und nicht wieder verlassen wird, solange $\underline{x}$ sich nicht ändert. Die Erfüllung dieser Bedingung kann nicht bei der Strukturbestimmung erreicht werden. Sie muß schon im Kodierungsschritt berücksichtigt werden /34/.

Sollen Flip-Flops als Speicherelemente verwendet werden, so muß eine Umrechnung der Funktionen f($\underline{x}$, $\underline{y}$) (oder auch g($\underline{x}$, $\underline{y}$))

Flip-Flop-Typen:

RS-FF: $^1Q = S \vee Q\bar{R}$
$RS = 0$

R	S	^1Q	$\dot{Q}$
0	0	Q	0
0	1	1	$\bar{Q}$
1	1	-	-
1	0	0	Q

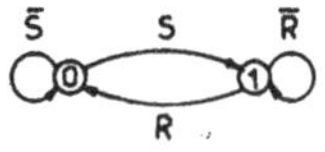

JK-FF: $^1Q = \bar{Q}J \vee Q\bar{K}$

J	K	^1Q	$\dot{Q}$
0	0	Q	0
0	1	0	Q
1	1	$\bar{Q}$	1
1	0	1	$\bar{Q}$

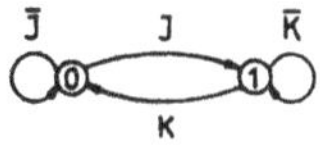

JR-FF: $^1Q = \bar{R}(J \vee Q)$

J	R	^1Q	$\dot{Q}$
0	0	Q	0
0	1	0	Q
1	1	0	Q
1	0	1	$\bar{Q}$

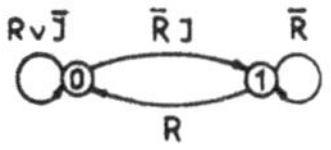

SK-FF: $^1Q = S \vee \bar{K}Q$

S	K	^1Q	$\dot{Q}$
0	0	Q	0
0	1	0	Q
1	1	1	$\bar{Q}$
1	0	1	$\bar{Q}$

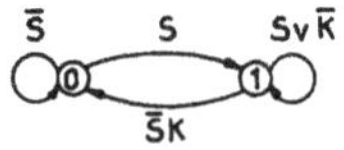

DV-FF: $^1Q = \bar{V}Q \vee DV$

D	V	^1Q	$\dot{Q}$
0	0	Q	0
0	1	0	Q
1	1	1	$\bar{Q}$
1	0	Q	0

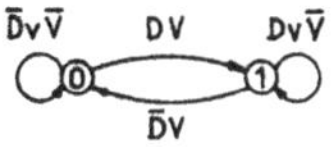

D-FF: $^1Q = D$

D	^1Q	$\dot{Q}$
0	0	Q
1	1	$\bar{Q}$

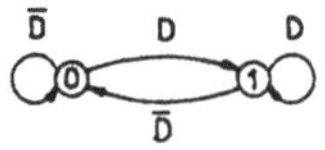

T-FF: $^1Q = T \nsim Q$

T	^1Q	$\dot{Q}$
0	Q	0
1	$\bar{Q}$	1

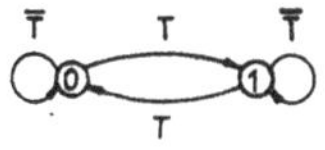

Abb. 4.11

auf die Ansteuerfunktionen der Flip-Flops erfolgen, die vom Typ des Speicherelementes festgelegt werden. Einige der gebräuchlichsten Typen sind in Abb.4.11 dargestellt, wobei die das Flip-Flop beschreibende Gleichung (eine Automatengleichung vom Typ (1) mit der inneren Speichervariablen Q), die Tabelle der Folgezustände ${}^1Q$ bzw. Änderungsanweisungen $\dot{Q}$ in Abhängigkeit von den Eingangsgrößen und von Q und der Übergangsgraph des Flip-Flops angegeben sind. Soll nun einer Gleichung aus (1), z.B.

$$ {}^1y_i = f_i(\underline{x}, \underline{y}) \qquad (4) $$

ein Flip-Flop zugeordnet werden, dessen Ausgang Q dem Wert von y_i entspricht, so ist zunächst dadurch die Zuordnung

$$ y_i = Q, \qquad (5) $$

$$ {}^1y_i = {}^1Q \qquad (6) $$

bestimmt. Hinzu kommt noch die Gleichung des gewählten Flip-Flop-Typs, also z.B. für das JK-FF

$$ {}^1Q = \bar{Q}J \vee Q\bar{K} \ . \qquad (7) $$

Die Synthese des Ansteuernetzwerkes besteht jetzt einfach darin, das Gleichungssystem (4),(5),(6) und (7) unter Beachtung eventueller weiterer Nebenbedingungen nach J und K aufzulösen. Das ist tatsächlich einfach, denn mit Hilfe eines Katalogs (Abb.4.12) kann die Auflösung für jeden FF-Typ durchgeführt werden.

$y_i\ {}^1y_i\ \dot{y}_i$	R S	J K	J R	S K	D V	D	T
0 0 0	- 0	0 -	0 - - 1	0 -	0 - - 0	0	0
0 1 1	0 1	1 -	1 0	1 -	1 1	1	1
0 - -	0 - - 0	- -	- -	- -	- -	-	-
1 0 1	1 0	- 1	- 1	0 1	0 1	0	1
1 1 0	0 -	- 0	- 0	- 0 1 -	- 0 1 -	1	0
1 - -	0 - - 0	- -	- -	- -	- -	-	-

Abb. 4.12

Der Grundgedanke des Verfahrens besteht darin, für jede Phase (y_i, ${}^1y_i$, J, K) die Werte von J und K zu bestimmen, die die gewünschte Phase auslösen (alle $\underline{x}$ und alle anderen $\underline{y}$ spielen nur eine Parameterrolle). Dabei kann die Auflösung auch mehrdeutig sein, und jede der im Katalog angegebenen Phasen ergibt eine gültige Lösung. Daß sich noch eine kombinatorische Optimierung anschließen kann oder muß, steht hier außer Betracht.

Bestimmung von Ansteuernetzwerken für Flip-Flop (A3)

1. Jede Funktion $f_i(\underline{x}, \underline{y})$ ist in eine Tabelle (vorzugsweise KARNAUGH-Plan) einzutragen, ebenso die für die Funktion gültigen statischen Nebenbedingungen.
2. Für jeden Flip-Flop-Eingang ist eine gleichartig angeordnete Tabelle vorzubereiten.
3. In Abhängigkeit vom Flip-Flop-Typ ist für jeden Übergang ($0 \rightarrow 0$, $0 \rightarrow 1$, $0 \rightarrow -$, $1 \rightarrow 0$, $1 \rightarrow 1$, $1 \rightarrow -$) einer der in Abb.4.11 angegebenen Werte in die Tabellen einzutragen.
4. Die ermittelten Funktionen sind kombinatorisch zu realisieren.

Da wir später noch von diesem Algorithmus Gebrauch machen werden, soll hier nur ein einfaches Beispiel folgen.

Es sei die Funktion

$${}^1y = x_1 \vee x_2 y$$

mit der Nebenbedingung

$$x_1 \bar{x}_2 = 0$$

durch ein JK — FF zu realisieren. In Abb.4.13 sind das Verfahren und das Ergebnis

$$J = x_1,$$
$$K = \bar{x}_2$$

leicht ablesbar.

Eine weitere strukturelle Lösung, die gegenwärtig sehr an Bedeutung gewinnt, ist durch den Einsatz "gespeicherter Logik" gekennzeichnet. Im einfachsten Fall wird ein Festwertspeicher (ROM-Element) so betrieben, daß als Adresse des gewünschten Funktionswertes $h(\underline{x})$ der Vektor $\underline{x}$ dient und der Speicher so als Nachschlagewerk benutzt wird. Das geht unproblematisch, falls die Vektorlänge nicht größer als die Adreßbreite wird und falls während des Betriebes nicht die Notwendigkeit der Funktionsänderung auftritt. Im ersten Fall müssen dann mehrere Speicherelemente verwendet und im zweiten Fall Schreib-Lese-Speicher (RAM) benutzt werden. Zu beiden Wegen und weiterführenden Schaltungslösungen sei insbesondere auf die Literatur zu Mikroprozessorsystemen /26/ verwiesen.

x_1	x_2	y	^1y	J	K
0	0	0	0	0	-
0	0	1	0	-	1
0	1	1	1	-	0
0	1	0	0	0	-
1	1	0	1	1	-
1	1	1	1	-	0
1	0	1	-	-	-
1	0	0	-	-	-

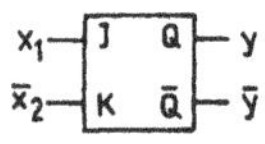

Abb. 4.13

Damit sei gleichzeitig der Übergang zur "rechnenden Logik" vollzogen: der Wert der Funktion h($\underline{x}$) kann ja stets durch Ausführen der im Funktionsausdruck stehenden Operationen gewonnen werden. Wenn auch der erreichte Stand der Theorie noch nicht voll befriedigen kann, so sind doch viele akzeptable Lösungen bekannt. Eine der verbreitetsten ist die "Ein-Bit-Prüfung", bei der einem Kodebaum folgend der Funktionswert einer Funktion von n Variablen nach spätestens n Schritten bestimmt ist (Abb.4.14). In der Abbildung ist zu erkennen, daß die Reihenfolge der geprüften Variablen den mittleren Prüfaufwand beeinflußt, weitere Verbesserungen können durch gleichzeitiges Prüfen mehrerer Variablen und durch geschickte Nutzung rechnerspezifischer Befehle erreicht werden.

Zur Reihenfolge der Variablen läßt sich eine Lösung bestimmen, die bei angenommener Gleichberechtigung aller Variablen (das ist bei Automaten für $\underline{x}$ und $\underline{y}$ nicht unbedingt zutreffend) und Belegungen gute mittlere Abfragezeiten erreicht. Es sei durch $\rho(f(\underline{x}))$ eine Zahlengröße eingeführt /3/, die den Quotienten aus der Zahl der 1-Belegungen von f zur Zahl der Belegungen insgesamt angibt. Wir bezeichnen $\rho(f)$ als <u>Norm</u> der Funktion f.

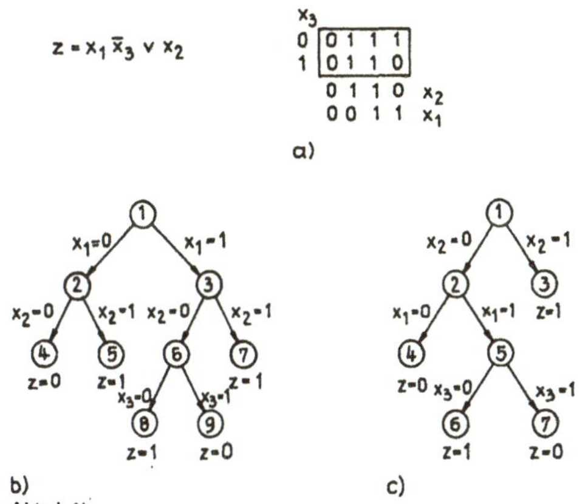

Abb. 4.14

Offenbar gilt

$$0 \leq \varrho(f) \leq 1 \tag{8}$$

und die Aussage, daß unter unseren Voraussetzungen $\varrho(f)$ die relative Häufigkeit einer 1 bei f ist. Wir bezeichnen $\varepsilon_i(f)$ als <u>Einfluß</u> von x_i auf f mit der Definition

$$\varepsilon_i(f) = \varrho\left(\frac{\partial f}{\partial x_i}\right) . \tag{9}$$

Zur Bestimmung einer zeitminimalen Berechnungsreihenfolge gehen wir folgendermaßen vor:

Bestimmung einer günstigen Variablenreihenfolge (A4)

1. Es wird nach einer der Variablen x_i geprüft, für die $\varepsilon_i(f)$ maximal ist.
2. Mit den Teilfunktionen für $x_i = 0$ und $x_i = 1$ wird wie nach 1. verfahren.

Dieser suboptimale Algorithmus (seine Schwachstelle besteht darin, daß $\varepsilon_i(f)$ für verschiedene Variable gleich sein kann und dann eine Entscheidung getroffen werden muß) ist gut für Einzelbitabfrage geeignet und kann auch für eine Reihe verwandter Fragestellungen (Fehlereinflußoptimierung, Prüffolgenabfrage) genutzt werden.

Wir nahmen bisher an, daß die Funktion selbst nicht als Ausdruck, sondern als Wertetabelle gespeichert ist. Natürlich kann auch ein beliebiger Funktionsausdruck in einer Programmiersprache als BOOLEscher Ausdruck notiert und abgearbeitet werden. Das führt praktisch immer zu extrem schlechten Programmen (Rechenzeit und Speicherbedarf). Anders ist das, wenn spezielle Ausdrucksformen vorliegen, und als günstigste Lösung hat sich die orthogonalisierte disjunktive Form (Abschnitt 2.2.) erwiesen. Ihre Schreibweise als Ternärvektorliste erlaubt eine sehr effektive Listensuche. Wir wollen zwei Fälle betrachten. Es sei eine Funktion $f(\underline{x})$ als $D(f)$ notiert. Dann prüft man die TVL unter Benutzung des vorgegebenen Wertevektors $\underline{x}_0$ und stellt entweder Enthaltensein ($f = 1$) oder Fehlen ($f = 0$) fest (Abb.4.15a). Bei vorhandenen statischen Nebenbedingungen bildet man auch gern zwei TVL (für $f = 0$ und $f = 1$) für eine einzelne Funktion (Abb.4.15b).

Der zweite Fall besteht in der Annahme eines Funktionenbündels

$$\begin{aligned} z_1 &= f_1(\underline{x}), \\ &\vdots \\ z_n &= f_n(\underline{x}). \end{aligned} \tag{10}$$

Wir bestimmen die Gleichung aller Nullstellen des Systems und erhalten (vgl. Abschnitt 2.3.)

$$F(\underline{x}, \underline{z}) = 0 . \tag{11}$$

Jetzt werden die Lösungen als TVL gespeichert, und der gleiche Listensuchprozeß für $\underline{x}_0$ wie oben ergibt das zugeordnete $\underline{z}$ (Abb.4.15c). Prinzipiell handelt es sich um ein assoziatives Suchen, das hardwaremäßig (Assoziativspeicher) oder softwaremäßig (Listensuchbefehle) unterstützt werden kann.

Eine besondere Situation tritt auf, wenn der Speicher schon vorgeprägte Zustandsfolgen besitzt, also ein beliebiger Automat einem abhängigen Speicherprinzip anzupassen ist. Elemente dieser Art sind Drehwähler, Nockenschalter, Schieberegister und Zähler. Der Automatengraph des Speichers ist dann schon vorgegeben, und es ist "nur noch" die tatsächliche Zustandsfolge einzubetten. Im allgemeinen, ohne intuitive Hilfe, ist das ein unzumutbar aufwendiges Problem. Für Schieberegisterschaltungen und Zählerschaltungen gibt es jedoch praktikable Lösungen.

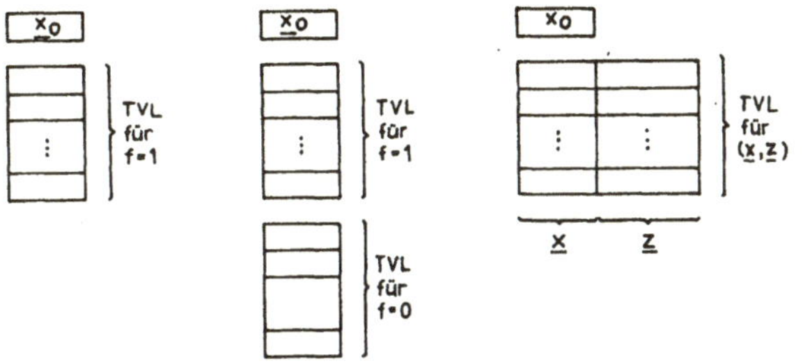

a) b) c)

Abb. 4.15

4.4. Entwurf aus Automatentabellen

Wir gehen davon aus, daß eine beliebig kodierte Automatentabelle die angestrebte Verhaltensweise beschreibt. Dabei seien die Besonderheiten der Schaltungsklasse (stabile Endzustände für ungetaktete Schaltungen etc.) schon berücksichtigt. Dann bleibt noch die Aufgabe der binären Kodierung und der Funktionsbestimmung, um anschließend die Strukturbestimmung durchführen zu können.

Die Wahl der Kodierung für die e, a und s beeinflußt im Schaltnetzwerk den kombinatorischen Aufwand, die Blockstrukturierung, das dynamische Verhalten und die Fehlerempfindlichkeit. Sie ist also nicht gleichgültig. Andererseits ist jedoch das zielgerichtete algorithmische Finden einer "besten" Kodierung ein theoretisch und rechnerisch anspruchsvoller Prozeß. Da in jedem Fall ein Kompromiß anzustreben ist, der auch dem Kriterium "einfacher Entwurf" genügen soll, entscheiden wir uns für drei Varianten:

- natürliche, empirisch begründete Kodierungen, die das Ver-

ständnis erleichtern,
- willkürlich gewählte Kodierungen, deren eventuelle Nachteile in Kauf genommen werden (rechnet man mehrere solche Kodierungen durch, so wird die beste von ihnen nicht die schlechteste aller möglichen sein),
- 1-aus-n-Kodierung, bei der jedem Speicherelement ein Automatenzustand zugeordnet wird.

In vielen Fällen ist für die e und a schon eine natürliche Kodierung durch die Aufgabenstellung nahegelegt.

Der Entwurfsschritt ist im folgenden Algorithmus kurz zusammengefaßt:

Entwurf aus Automatentabellen (A5)

1. Binäre Kodierung von E, A und S'
(Getaktete Schaltungen: s.o.,
ungetaktete Schaltungen: wettlauffreie und stabile Kodierungen /34/.)
2. Je eine Tabelle (vorzugsweise KARNAUGH-Plan) für jedes ^1y_i und z_j, in die die binären Kodewerte einzutragen sind.
3. Herauslesen der Funktionen und Funktionsoptimierung.

Wir zeigen den Ablauf an einem Beispiel. Es sei eine getaktete Steuerschaltung zu entwerfen, die 4 Lampen in einer festen Reihenfolge aufleuchten läßt (Abb.4.16). Durch das Eingangssignal wird die Länge der Folge beeinflußt. Weitere Informationen über das angestrebte Verhalten sind nicht vorhanden.

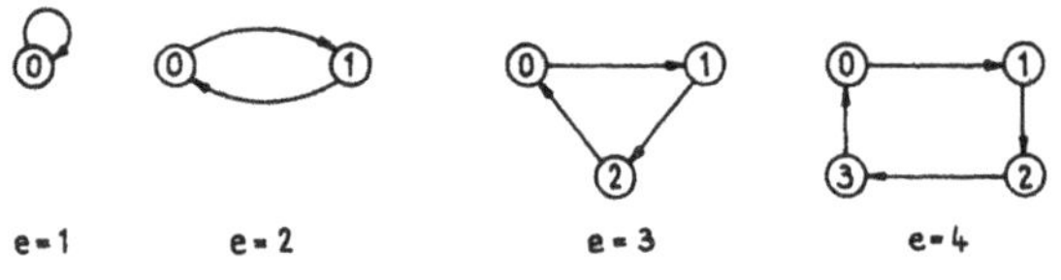

Abb. 4.16

Zunächst wählen wir eine binäre Kodierung der Eingangs- und Ausgangsgrößen (Abb.4.17). Offenbar genügen 4 Speicherzustände, um die längste mögliche Periode darzustellen (bei einer solchen Plausibilitätsbegründung kann man sich erheblich irren, was bei weiteren Entwurfsschritten oder der Analyse des Ergebnisses erst erkennbar wird und u.U. einen weitgehenden Neuentwurf nötig macht).

e	x_1	x_2
1	0	0
2	0	1
3	1	0
4	1	1

a	z_1	z_2
0	0	0
1	0	1
2	1	0
3	1	1

Abb. 4.17

Wir setzen also zwei Speichervariable y_1 und y_2 an und vereinbaren der Einfachheit halber s = a, d.h.

$$y_1 = z_1 ,$$

$$y_2 = z_2 .$$

In Abb.4.18 sind die aus den Teilgraphen gebildeten Automatentabellen dargestellt. Durch die Kodierung und die Darstellung im KARNAUGH-Plan (Reihenfolge der Binärvektoren verändert!) entstehen die binären Automatentabellen in Abb.4.19.

s \ e	1	2	3	4
0	0	1	1	1
1		0	2	2
2			0	3
3				0

a
0
1
2
3

Abb. 4.18

y_1 (x_2: 0 1 1 0; x_1: 0 0 1 1):

$y_1 y_2$	0 0	1 0	1 1	0 1
0 0	0	0	0	0
0 1		0	1	1
1 1			0	
1 0			1	0

y_2:

$y_1 y_2$	0 0	1 0	1 1	0 1
0 0	0	1	1	1
0 1		0	0	0
1 1			0	
1 0			1	0

z_1	z_2
0	0
0	1
1	1
1	0

Abb. 4.19

Freie Felder können, da sie unbenutzten Phasen entsprechen, beliebig mit 0 oder 1 belegt werden, so daß die Funktionen

$$^{1}y_1 = x_1 \bar{y}_1 y_2 \vee x_2 y_1 \bar{y}_2,$$
$$^{1}y_2 = x_2 \bar{y}_2 \vee x_1 \bar{y}_1 \bar{y}_2,$$
$$z_1 = y_1,$$
$$z_2 = y_2$$

abgelesen werden können.

Als nächstes folgt der Strukturentwurf (Abschnitt 4.3.), der jedoch Rückwirkungen auf den Verhaltensentwurf haben kann. Die wichtigsten sind:

- das Verhalten, das sich in den ursprünglich nicht definierten Fällen ergibt, kann nicht akzeptiert werden (das kann prinzipiell durch hinreichend langes und gründliches Nachdenken vermieden werden; die praktische Erfahrung spricht jedoch dafür, daß eine iterative Korrektur nicht zu umgehen ist),
- die berechneten Funktionen können mit der vorhandenen Technologie nicht realisiert werden (fan-out- und fan-in-Beschränkungen; begrenzte Chipfläche, PLA-Struktur oder ROM-Größe; zu hoher Bauelemente-, Energie- oder Volumenbedarf; zu hoher Preis).

Im ersten Fall sind Korrekturen des Sollverhaltens erforderlich, die auf ein sehr frühes Entwurfsstadium zurückgehen und deshalb hohe Kosten verursachen. Im zweiten Fall kann schon die Wahl einer veränderten Kodierung (dazu zählt auch die Einführung weiterer Speicherelemente) Abhilfe schaffen.

In unserem Beispiel haben wir durch das Herauslesen der Funktionen das Verhalten in der in Abb.4.20 gezeigten Weise festgelegt. Zur besseren Übersicht sind auch die Automatentabelle und der Automatengraph für die 4 Eingangssignale angegeben. Als einzige kritische Stelle des Verhaltens außerhalb des ursprünglichen Definitionsbereiches erkennen wir, daß für e = 2 2 Takte nötig sind, um wieder in den richtigen Zyklus zu kommen. Es können als weitere, gefährlichere Erscheinungen Zyklen außerhalb des Definitionsbereiches (unkontrollierte Schwingungen), Trajektorien ohne Verbindung zum normalen Verhalten (nicht rückkehrsicheres und/oder steuerbares Verhalten) und sehr lange Zustandsfolgen bis zum Einmünden in die richtige Trajektorie auf treten /4/.

Der Entwurf aus Automatentabellen sollte kleineren Aufgabenstellungen vorbehalten bleiben, weil der Arbeitsaufwand sehr groß ist und die Übersicht leicht verloren geht. Trotzdem sollte jeder Entwerfer den Grundgedanken kennen, weil er für Analyse- und Dokumentationszwecke, besonders mit abkürzenden nichtbinären Symbolen, bedeutungsvoll ist.

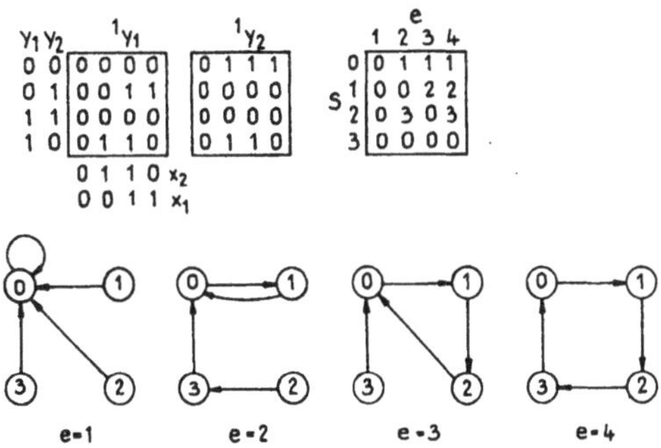

Abb. 4.20

4.5. Entwurf aus Automatengraphen

Wir nehmen als Anfangssituation an, daß der Übergangsgraph des zu entwerfenden Automaten gegeben ist. Das muß nicht immer ganz wörtlich genommen werden. Besonders bei größeren, unregelmäßigen Verhaltensvorschriften wird das Zeichnen eines Graphen unbequem, und man wird zur Darstellung vorteilhaft die Phasenliste verwenden. Sie kann z.B. auch dann entstehen, wenn vorangegangene Überlegungen einen Graphen als Ergebnis haben (siehe Abschnitt 4.6.) oder wenn Entscheidungstabellen (vgl. Abschnitt 1.4.) zur Informationsdarstellung benutzt wurden.

Prinzipiell sind die gleichen Schritte (Kodierung, Funktionsbestimmung) wie im vorigen Abschnitt zu leisten. Den Kodevektor

$\underline{y}$ kann man im Graphen oder in der Phasenliste eintragen, besonders empfehlenswert ist jedoch das Anlegen einer Kodetabelle (z.B. in Form eines KARNAUGH-Planes), in der zu jedem Vektor $\underline{y}$ der entsprechende Zustand s angegeben ist.

Wir wollen als Vorüberlegung eine einzelne Speichervariable y_i näher betrachten. In Abb.4.21 sind 4 mögliche Graphenkantentypen angegeben. Die Typen I und II (zu ihnen gehören auch die Schleifen) verlaufen jeweils innerhalb der Unterräume für $y_i = 0$ oder $y_i = 1$. Die Typen III und IV sind mit Änderungen der Speichervariablen y_i verbunden.

Es läßt sich ein Algorithmus angeben, der auf im wesentlichen gleiche Weise wahlweise zu den Gleichungen

$$^1y_i = f_i(\underline{x}, \underline{y}) \tag{1}$$

bzw.

$$\dot{y}_i = g_i(\underline{x}, \underline{y}) \tag{2}$$

führt.

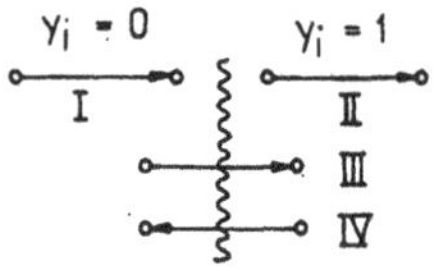

Abb. 4.21

Bestimmung der Funktionen ^1y_i oder $\dot{y}_i$ aus dem gezeichneten Übergangsgraphen (A6)

1. Binäre Kodierung der Mengen E, A und S. (Zur Wahl der Kodierung siehe Abschnitt 4.4.). Zur Kontrolle und für weitere Entwurfsschritte ist für die Speicherzustände eine Kodetabelle anzulegen.

2.1 Ermittlung der $^1y_i = f_i(\underline{x}, \underline{y})$:

$$^1y_i = \bigvee (\text{alle Kanten der Typen II und III}). \tag{3}$$

2.2 Ermittlung der $\dot{y}_i = g_i(\underline{x}, \underline{y})$:

$$\dot{y}_i = \bigvee (\text{alle Kanten der Typen III und IV}). \tag{4}$$

3. Die z_j werden als Kantengewichte (MEALY-Automat) oder Knotengewichte (MOORE-Automat) abgelesen.

Die einzelnen Schritte bedürfen noch einiger Erläuterung. Je nach der gewünschten Gleichungsform ist nur einer der Schritte 2.1 oder 2.2 zu verwenden, wobei die Entscheidung für eine der Formen für jede Variable y_i unabhängig getroffen werden kann. Der Begriff "Kante" in (3) und (4) ist wie im Abschnitt 1.2. als Gesamtheit (s,e),

Kante = (Startknoten ∧ Kantengewicht),

anzusehen. Dabei ist nach Möglichkeit von problemtypischen Kurzbezeichnungen Gebrauch zu machen. Die Schritte 2.1, 2.2 und 3 erfolgen im einzelnen folgendermaßen:

Schritt 2.1 aus A6 (A7)

1. Alle Knoten für $y_i = 1$ bestimmen. Das sind alle im Unterraum $y_i = 1$ der Kodetabelle befindlichen Zustände.
2. Alle zu diesen Knoten führenden Kanten (einschließlich Schleifen) disjunktiv zusammenfassen.
3. Vereinfachungen sind nur erforderlich, wenn eine unmittelbare Realisierung (z.B. D — FF, PLA- oder ROM-Struktur, BOOLEsche Gleichung zur Programmabarbeitung) erfolgen soll. Sonst (z.B. FF-Ansteuerung) Umformungen wie im Abschnitt 4.3.

Schritt 2.2 aus A6 (A8)

1. Kodierungen $\underline{y}$ in den Graphen eintragen.
2. Auszuführende Änderungen an die Kanten anschreiben.
3. Alle Kanten, bei denen y_i sich ändern soll, zu $\dot{y}_i$ disjunktiv zusammenfassen.
4. Vereinfachungen i.a. vermeiden, um für die FF-Ansteuerung keine Lösung zu verlieren (Nebenbedingungen notieren!).

   Ausnahme: Unmittelbare Realisierung von $\dot{y}_i$ in der berechneten Form als Eingangsschaltung eines T-FF.

Schritt 3 aus A6 (A9)

1. Für MEALY-Automaten:

$$z_j = h_j(\underline{x}, \underline{y})$$
$$= \bigvee (\text{alle Kanten mit } z_j = 1)\ . \quad (5)$$

2. Für MOORE-Automaten:

$$z_j = h_j(\underline{y})$$
$$= \bigvee (\text{alle Knoten mit } z_j = 1). \quad (6)$$

Als Beispiel betrachten wir den Graphen nach Abb.4.22, der eine Art Zähler (für x = const.) darstellt und als Ausgangssignale die 5 z_j-Größen besitzt. Wir wählen als Kodierung einfach die BCD-Kodierung der Zustandsnummern, die Kodetabelle ist in Abb. 4.23 gezeigt.

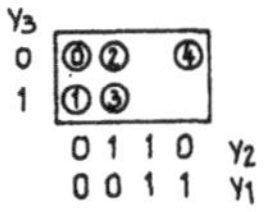

Kodetabelle

Abb. 4.23

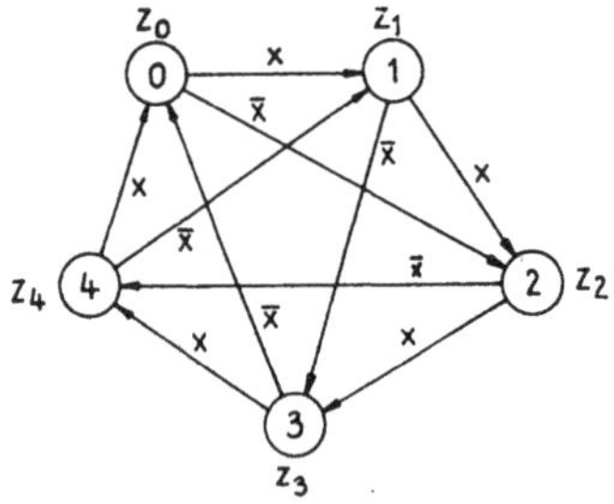

Abb. 4.22

Der 1. Schritt nach A6 ist damit erfolgt. Wir wollen im 2. Schritt beide Möglichkeiten zeigen und vergleichen. Nach A7 und mit den Zustandssymbolen als Kurzbezeichnung erhalten wir

$$
\begin{aligned}
{}^{1}y_1 &= \textcircled{2}\,\bar{x} \vee \textcircled{3}\,x,\\
{}^{1}y_2 &= \textcircled{0}\,\bar{x} \vee \textcircled{1}\,x \vee \textcircled{1}\,\bar{x} \vee \textcircled{2}\,x,\\
{}^{1}y_3 &= \textcircled{0}\,x \vee \textcircled{4}\,\bar{x} \vee \textcircled{1}\,\bar{x} \vee \textcircled{2}\,x.
\end{aligned}
\tag{i}
$$

Für die Zustandssymbole kann man aus der Kodetabelle die folgenden Ausdrücke gewinnen:

$$
\begin{aligned}
\textcircled{0} &= \bar{y}_1\,\bar{y}_2\,\bar{y}_3,\\
\textcircled{1} &= \bar{y}_2\,y_3,\\
\textcircled{2} &= y_2\,\bar{y}_3,\\
\textcircled{3} &= y_2\,y_3,\\
\textcircled{4} &= y_1 .
\end{aligned}
\tag{ii}
$$

Setzt man sie in die Gleichungen (i) ein, so entsteht schon eine fast endgültige Automatendarstellung

$$
\begin{aligned}
{}^{1}y_1 &= y_2\,\bar{y}_3\,\bar{x} \vee y_2\,y_3\,x,\\
{}^{1}y_2 &= \bar{y}_1\,\bar{y}_2\,\bar{x} \vee \bar{y}_2\,y_3 \vee y_2\,\bar{y}_3\,x,\\
{}^{1}y_3 &= \bar{y}_1\,\bar{y}_3\,x \vee y_1\,\bar{x} \vee \bar{y}_2\,y_3\,\bar{x} \vee y_2\,\bar{y}_3\,x,
\end{aligned}
\tag{iii}
$$

die in den in A7 genannten Fällen als Endergebnis (bis auf Nutzung weiterer Nebenbedingungen) anzusehen ist (Abb.4.25a). Der Graph beschreibt einen MOORE-Automaten,und nach A9 erhalten wir

$$
z_o = \textcircled{0},\quad z_3 = \textcircled{3},\quad z_1 = \textcircled{1},\quad z_4 = \textcircled{4},\quad z_2 = \textcircled{2},
$$

und können die Ausdrücke nach (ii) substituieren.

Wollen wir die Gleichungen (4) gewinnen, so ist zunächst der Graph wie in Abb.4.24 zu vervollständigen (die z_j sind weggelassen). Wir lesen die anzuweisenden Änderungen unmittelbar am Graphen ab:

$$
\begin{aligned}
\dot{y}_1 &= \textcircled{2}\,\bar{x} \vee \textcircled{3}\,x \vee \textcircled{4},\\
\dot{y}_2 &= \textcircled{0}\,\bar{x} \vee \textcircled{1} \vee \textcircled{2}\,\bar{x} \vee \textcircled{3},\\
\dot{y}_3 &= \textcircled{0}\,x \vee \textcircled{1}\,x \vee \textcircled{2}\,x \vee \textcircled{3} \vee \textcircled{4}\,\bar{x}.
\end{aligned}
$$

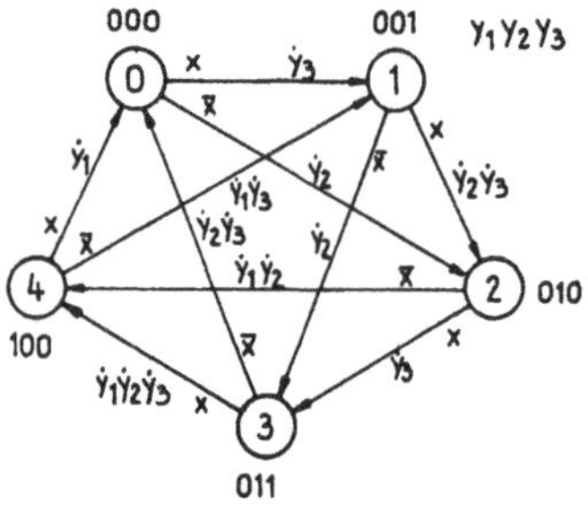

Abb. 4.24

Die Zustandssymbole können wieder substituiert werden,und unter Nutzung der Nebenbedingungen entsteht

$$\dot{y}_1 = y_1 \vee y_2 \bar{y}_3 \bar{x} \vee y_2 y_3 x,$$
$$\dot{y}_2 = y_3 \vee \bar{x} \bar{y}_1,$$
$$\dot{y}_3 = y_2 y_3 \vee \bar{y}_1 x \vee y_1 \bar{x} .$$

Die Gleichungen sind unmittelbar zu verwenden, wenn T-FF zur Verfügung stehen. Da diese i.a. nicht zum Schaltkreissortiment gehören, können JK-FF mit verbundenen Eingängen /15/ benutzt werden (Abb.4.25b), wenn sehr schnell eine Schaltungslösung benötigt wird und der kombinatorische Aufwand keine wesentliche Rolle spielt. Da nämlich die JK-FF bei dieser Schaltungslösung weit unter ihren tatsächlichen Möglichkeiten genutzt werden, ist i.a. zu erwarten, daß durch geschickte Ausnutzung beider FF-Eingänge einfachere Ergebnisse entstehen. In unserem Beispiel ist das jedoch nicht der Fall, und wir verzichten auf die Angabe der Lösung.

Wir erhielten eine Schaltung mit 3 Flip-Flop, die insgesamt 8 Zustände annehmen können, von denen aber nur 5 genutzt werden. Analysieren wir das Verhalten auch in den übrigen Zuständen (wir bezeichnen sie analog mit 5,6 und 7), so stellen wir für unsere beiden Lösungen ein unterschiedliches Verhalten fest (Abb.4.26).

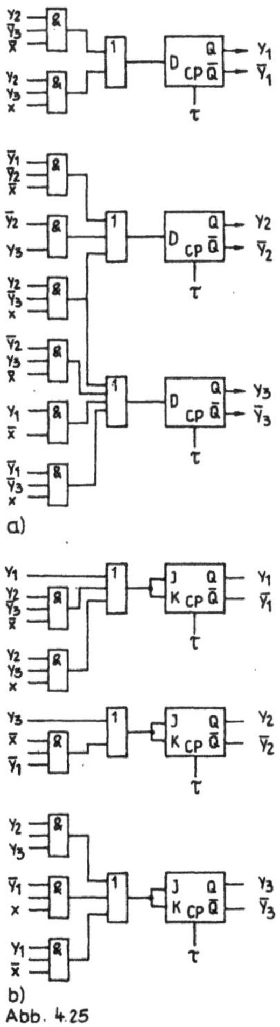

Abb. 4.25

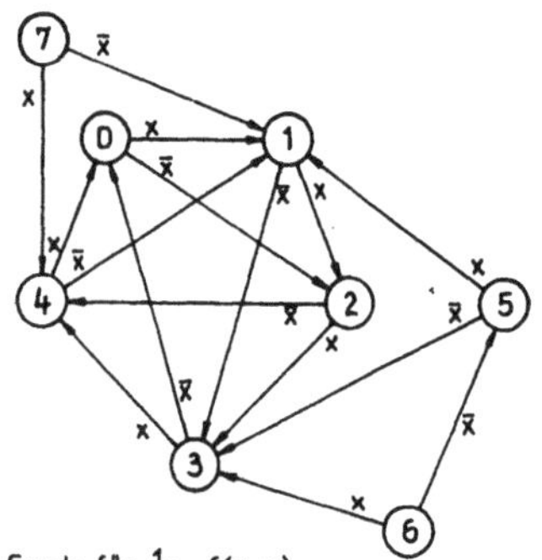

Graph für $^{1}\underline{y} = f(\underline{x},\underline{y})$

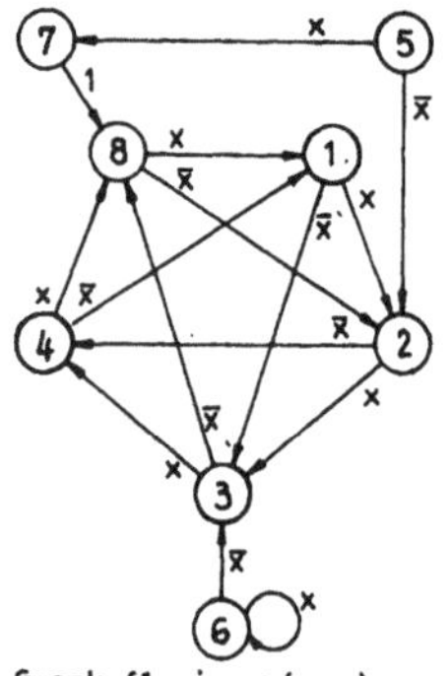

Graph für $\dot{\underline{y}} = g(\underline{x},\underline{y})$

Abb. 4.26

In beiden Fällen münden zwar die von den Zuständen 5,6 und 7 ausgehenden Trajektorien in den vorgeschriebenen Zyklus, das Gerät kann also aus einem fehlerhaften Zustand wieder in den normalen Betrieb zurückgesteuert werden. Das geschieht aber in einigen Fällen erst nach 2 Takten (das kann zu langsam sein), und im zweiten Fall bleibt der Automat sogar für $x = 1$ im Zustand 6 stehen.

Will man in den nicht betrachteten Zuständen feste Verhaltensweisen erzwingen, so sind diese entweder einzeln zu durchdenken (also in den normalen Entwurfsprozeß einzufügen, der dadurch sehr aufwendig wird) oder mit einer allgemein gültigen Regel zu erfassen. Wir geben zwei solche Regeln an, die sich an A7 und A8 orientieren. In beiden Fällen sind die Konjunktionen, die wir nach (ii) für die Zustandssymbole einsetzen, als Elementarkonjunktionen, die nur den Zustand selbst und nicht noch andere erfassen, zu beschreiben. Es gilt also statt (ii)

$$\textcircled{0} = \bar{y}_1 \, \bar{y}_2 \, \bar{y}_3,$$
$$\textcircled{1} = \bar{y}_1 \, \bar{y}_2 \, y_3,$$
$$\textcircled{2} = \bar{y}_1 \, y_2 \, \bar{y}_3,$$
$$\textcircled{3} = \bar{y}_1 \, y_2 \, y_3,$$
$$\textcircled{4} = y_1 \, \bar{y}_2 \, \bar{y}_3,$$

d.h., es wird in Bezug auf $\underline{y}$ auf die Aufwandsreduktion verzichtet. Nach A7 erhalten wir dann einen Automaten, der für beliebige Eingangssignale aus nicht benutzten Zuständen sofort in den Zustand
$\underline{0}$ übergeht. Benutzen wir in gleicher Weise A8, so bleibt der einmal erreichte, möglicherweise fehlerhafte Zustand für beliebiges Eingangssignal ungeändert erhalten. Damit verschwindet zwar der Fehler nicht, es wird jedoch die für komplizierte Systeme zweckmäßige Maxime "Im Zweifelsfall nichts tun!" wirksam. Zum Vergleich sind in Abb.4.27 für die Zustände 5,6 und 7 die 4 verschiedenen Verhaltensweisen in Phasenlisten gezeigt.

mit Aufwandsreduktion:

e	s	^1s
x	5	1
x	6	3
x	7	4
$\bar{x}$	5	3
$\bar{x}$	6	5
$\bar{x}$	7	1

$^1\underline{y} = f(\underline{x}, \underline{y})$

e	s	^1s
x	5	7
x	6	6
x	7	0
$\bar{x}$	5	2
$\bar{x}$	6	3
$\bar{x}$	7	0

$^1\underline{y} = g(x, \underline{y})$

ohne Aufwandsreduktion:

e	s	^1s
x	5	0
x	6	0
x	7	0
$\bar{x}$	5	0
$\bar{x}$	6	0
$\bar{x}$	7	0

$^1y = f(\underline{x}, \underline{y})$

e	s	^1s
x	5	5
x	6	6
x	7	7
$\bar{x}$	5	5
$\bar{x}$	6	6
$\bar{x}$	7	7

$^1y = g(\underline{x}, \underline{y})$

Abb. 4.27

Die bisherigen Überlegungen galten für beliebige Kodierungen. Aus Gründen des einfachen Entwurfs, der leichten Prüfbarkeit und Verständlichkeit der Schaltungen bevorzugt man gelegentlich die 1-aus-n-Kodierung, bei der jedem Automatenzustand ein Flip-Flop zugeordnet wird, das genau dann gleich 1 ist, wenn der entsprechende Zustand vorliegt. Damit steigt die Zahl der Speicherelemente selbstverständlich an, was aber wegen der genannten Vorteile in Kauf genommen wird. In einem solchen Schaltnetzwerk ist stets genau eine Speichervariable im Wert 1, die Zustandsvektoren $\underline{y}$ enthalten genau eine (alle anderen werden nicht benutzt, es muß aber dafür gesorgt werden, daß der Automat beim Einschalten in den richtigen Anfangszustand kommt) und beim Übergang von einem Zustand ⓘ zum nächsten Zustand ⓙ ändern sich genau zwei Variable: y_i geht von 1 nach 0 und y_j von 0 nach 1. Die statische Nebenbedingung der Speichervariablen bewirkt, daß statt des Zustandssymbols ⓘ stets gleich y_i geschrieben werden kann.

Der Entwurf aus einem Automatengraphen wird damit extrem einfach. Wir benutzen zwei Hilfsgrößen A_i und B_i für jedes y_i:

$$A_i = \bigvee \text{(alle echt bei ⓘ ankommenden Kanten)}, \tag{7}$$

$$B_i = \bigvee \text{(Eingangssignale aller echt von ⓘ wegführenden Kanten)}. \tag{8}$$

Mit der stets erfüllten und nach Belieben benutzbaren Nebenbedingung

$$y_i \; A_i = 0 \tag{9}$$

folgen dann die Automatengleichungen

$$^1y_i = A_i \vee y_i \; \overline{B}_i \tag{10}$$

und

$$\dot{y}_i = A_i \vee y_i \; B_i \tag{11}$$

für alle Zustandsvariablen y_i. Diese Gleichungen können wieder in beliebiger Form (vgl. Abschnitt 4.3.) zur Strukturbestimmung herangezogen werden. In unserem Beispiel lesen wir aus Abb.4.22 ab:

$$A_0 = x\,y_4 \vee \bar{x}\,y_3, \qquad B_0 = 1,$$

$$A_1 = x\,y_0 \vee \bar{x}\,y_4, \qquad B_1 = 1,$$

$$A_2 = x\,y_1 \vee \bar{x}\,y_0, \qquad B_2 = 1,$$

$$A_3 = x\,y_2 \vee \bar{x}\,y_1, \qquad B_3 = 1,$$

$$A_4 = x\,y_3 \vee \bar{x}\,y_2, \qquad B_4 = 1 \; .$$

Die Ansteuergleichung eines D-FF für y_0 wird nach (10) somit

$$^1y_0 = x\,y_4 \vee \bar{x}\,y_3 \; ,$$

für alle anderen FF entstehen ähnlich einfache Schaltungen. Aus den Hilfsgrößen A_i und B_i lassen sich für alle im Abschnitt 4.3. genannten FF-Typen sehr einfach die Eingangsschaltungen bestimmen (Abb.4.28).

Flip-Flop-Typ		
RS	$R_i = \bar{A}_i B_i$	$S_i = A_i$
JK	$J_i = A_i$	$K_i = B_i$
JR	$J_i = A_i$	$R_i = \bar{A}_i B_i$
SK	$S_i = A_i$	$K_i = B_i$
DV	$D_i = A_i$	$V_i = A_i \vee B_i$
D	$D_i = A_i \vee y_i \bar{B}_i$	
T	$T_i = A_i \vee y_i B_i$	

Abb. 4.28

Die angegebenen Formeln wurden mit dem Ziel einfacher Berechenbarkeit formuliert. Durch Nutzung weiterer Nebenbedingungen (z. B. (9)) können noch Vereinfachungen entstehen. Schaltungen, die nach der 1-aus-n-Kodierung entworfen sind, können durch kein Eingangssignal aus dem (nicht zum normalen Betrieb gehörenden) Zustand $\underline{0}$ herausgeführt werden (man versuche das an Hand von (7) und (11) zu beweisen), es muß also durch schaltungstechnische zusätzliche Maßnahmen (wenigstens) ein Flip-Flop eingeschaltet werden können.

Graphen sind zwar in ihrer gezeichneten Form für das anschauliche Verstehen gut geeignet, für komplexere Aufgaben und rechnergestützte Arbeit jedoch zu umständlich. Praktisch liegt die Anschaulichkeitsgrenze bei einigen zehn Zuständen. Wir wollen deshalb auch die Phasenlistendarstellung von Automatengraphen betrachten, die zunächst als unkodierte Phasenliste mit den Spalten e, s, ${}^1s$ (seltener $\dot{s}$, da in diesem Fall in der Menge S eine "Differenz" definiert sein muß) und a gegeben sei. Der Kodierungsschritt wurde schon mehrfach betrachtet, er erhält durch die Phasenliste keine Besonderheiten. Es sollte jedoch möglichst reichlich von Ternärvektoren Gebrauch gemacht werden. Man lasse sich dabei nicht durch unhandliche Breite der Listen oder viele Striche in den TVL schrecken! Für die Bearbeitung der Listen existieren leistungsfähige Algorithmen /24, 25/.

In Abb.4.29 sind zu unserem Zählerbeispiel die Phasenlisten in unkodierter und kodierter Form angegeben, wobei derselbe Zustandskode wie in Abb.4.23 zugrunde gelegt ist. Man beachte aber, daß in den Spalten $\underline{y}$ Ternärvektoren stehen (Startzustände der Graphenkanten sind also mehrere Zustände), während als Zielzustände ${}^1\underline{y}$ eindeutige Binärvektoren angegeben werden müssen!

e	s	${}^1s$	a
x	0	1	z_0
$\bar{x}$	0	2	z_0
x	1	2	z_1
$\bar{x}$	1	3	z_1
x	2	3	z_2
$\bar{x}$	2	4	z_2
x	3	4	z_3
$\bar{x}$	3	0	z_3
x	4	0	z_4
$\bar{x}$	4	1	z_4

x	y_1	y_2	y_3	${}^1y_1$	${}^1y_2$	${}^1y_3$	z_0	z_1	z_2	z_3	z_4
1	0	0	0	0	0	1	1	0	0	0	0
0	0	0	0	0	1	0	1	0	0	0	0
1	-	0	1	0	1	0	0	1	0	0	0
0	-	0	1	0	1	1	0	1	0	0	0
1	-	1	0	0	1	1	0	0	1	0	0
0	-	1	0	1	0	0	0	0	1	0	0
1	-	1	1	1	0	0	0	0	0	1	0
0	-	1	1	0	0	0	0	0	0	1	0
1	1	-	-	0	0	0	0	0	0	0	1
0	1	-	-	0	0	1	0	0	0	0	1

Abb. 4.29

Im mathematischen Sinn ist die kodierte Phasenliste die Lösungsmenge der LAGRANGE-Gleichung

$$L(\underline{x},\ \underline{y},\ {}^1\underline{y},\ \underline{z}) = 0, \tag{12}$$

die in der Form

$${}^1\underline{y} = f(\underline{x},\ \underline{y}), \tag{13}$$

$$\underline{z} = h(\underline{x},\ \underline{y}) \tag{14}$$

aufgelöst werden muß. Dazu können Algorithmen und Programme zur Auflösung BOOLEscher Gleichungen /23, 24, 29/ herangezogen werden. Es kann aber auch eine (nicht sofort die beste!) Auflösung unmittelbar aus der Phasenliste abgelesen werden. Für ${}^1y_1$ finden wir nur zwei Zeilen, in denen der Wert 1 gefordert wird. Lesen wir aus der TVL die zugehörige DF (in Bezug auf x und $\underline{y}$) ab, so erhalten wir

$$^1y_1 = \bar{x}\, y_2\, \bar{y}_3 \vee x\, y_2\, y_3$$

und entsprechend

$$^1y_2 = \bar{x}\, \bar{y}_1\, \bar{y}_2\, \bar{y}_3 \vee \bar{y}_2\, y_3 \vee y_2\, \bar{y}_3\, x,$$

$$^1y_3 = x\, \bar{y}_1\, \bar{y}_2\, \bar{y}_3 \vee \bar{x}\, \bar{y}_2\, y_3 \vee x\, y_2\, \bar{y}_3 \vee \bar{x}\, y_1.$$

Durch Zusammenfassen jeweils zweier Zeilen entsteht

$$z_o = \bar{y}_1\, \bar{y}_2\, \bar{y}_3,$$

$$z_1 = \bar{y}_2\, y_3,$$

$$z_2 = y_2\, \bar{y}_3,$$

$$z_3 = y_2\, y_3,$$

$$z_4 = y_1 \quad ,$$

'as mit den oben erhaltenen Ergebnissen übereinstimmt. Die Gleihungen für ${}^1\underline{y}$ lassen sich mit den üblichen Mitteln der Schaltalgebra unter Beachtung der unbenutzten Zustände zu

$$^1y_1 = x\, y_2\, y_3 \vee \bar{x}\, y_2\, \bar{y}_3,$$

$$^1y_2 = \bar{x}\, \bar{y}_1\, \bar{y}_2 \vee \bar{y}_2\, y_3 \vee x\, y_2\, \bar{y}_3,$$

$$^1y_3 = x\, \bar{y}_1\, \bar{y}_3 \vee \bar{x}\, y_1 \vee \bar{x}\, \bar{y}_2\, y_3$$

vereinfachen und können dann zur Struktursynthese benutzt werden.

4.6. Entwurf aus Programmablaufplänen

Programmablaufpläne sind inhaltlich und zeichnerisch genormte Darstellungen von Algorithmen, meist mit dem Ziel der rechentechnischen Realisierung. Es hat nicht an Vorschlägen gefehlt, sowohl die inhaltliche Seite (Symbole für spezielle Geräte, für komplexe Entscheidungsschritte, Schleifen etc.) als auch die zeichnerische Form (Strichdiagramme, Struktogramme etc.) zu verändern und zu verbessern. Man kann aber davon ausgehen, daß die Grundidee der Programmablaufpläne (PAP), das Bewegen eines gedachten Phasenpunktes (Marke) durch den Graphen, stets beibehalten wurde. Die Bewegungsrichtung wird durch Entscheidungsoperatoren bestimmt, die Bewegungsgeschwindigkeit durch die Verweildauer in den einzelnen Operatoren. Es wird stillschweigend angenommen, daß nur eine einzige Marke vorhanden ist (Ausnahme: PETRI-Netze).

Wir wollen mit einem sehr einfachen Grundmodell beginnen und dieses dann anschließend erweitern. Die Aufgabenstellung des Abschnittes besteht darin, aus einem vorgegebenen PAP einen Übergangsgraphen oder dessen Phasenliste zu gewinnen. Die dann anschließenden Schritte sind in Abschnitt 4.5. gezeigt. In Abb. 4.30 sind die 4 minimal erforderlichen Elemente eines PAP dargestellt.

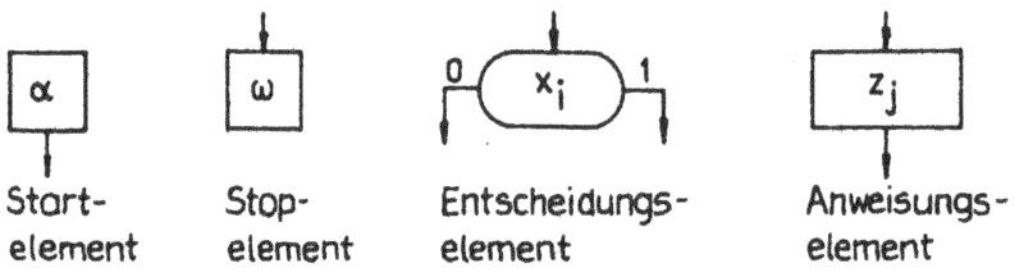

Abb. 4.30

Im Startelement (i.a. nur eines) wird die Marke "gestartet", es charakterisiert den Anfangszustand des Automaten bei Beginn des Algorithmus. Im Stopelement endet der dargestellte Algorithmus; es kann mehrere Stopelemente geben und damit z.B. angedeutet werden, welche Ergebnisse erzielt wurden oder wie der übergeordnete Automat anschließend weiterarbeiten soll. Das Entscheidungselement legt je nach der binären Größe x_i den weiteren Weg fest. Wir nehmen zunächst an, daß das Entscheidungselement unendlich schnell durchlaufen wird. Im Anweisungselement wird eine Wirkung nach außen ausgelöst (z.B. $z_j = 1$ gesetzt), dazu ist eine gewisse Mindestzeit (ein Takt) erforderlich.

Betrachten wir zunächst Anfang und Ende des algorithmischen Ablaufs. Für den Start muß der Automat in einen festen Anfangszustand überführt werden. Dazu gibt es mehrere Möglichkeiten:

1. Der Endzustand (Stopelement) ist schon derselbe wie der Anfangszustand, es kann sofort weitergearbeitet werden.

2. Der Endzustand ist beliebig anders, es wird unmittelbar vor dem Neustart der erforderliche Anfangszustand eingestellt (geladen).

3. Der Endzustand ist beliebig anders, es wird nach seinem Erreichen eine zusätzliche (für den Algorithmus nicht wesentliche und deshalb nicht dargestellte) Zustandsfolge (Rückkehrfolge) ausgelöst, die im Anfangszustand endet.

4. Es wird wie nach 3. verfahren, die Rückkehrfolge läuft jedoch parallel zur Tätigkeit des äußeren, übergeordneten Automaten ab, der für einen Neustart warten muß, bis der Anfangszustand wieder erreicht ist.

Diese und andere Möglichkeiten werden praktisch in Abhängigkeit von den Erfordernissen und Schaltungsklassen genutzt. Wir werden der Einfachheit halber nach 1. verfahren.

Für die Umformung eines PAP in einen Übergangsgraphen gibt es zwei unkomplizierte Algorithmen, die einen MOORE- oder MEALY-Automaten erzeugen /1/.

Übergang PAP → MEALY-Automat (A10)

1. Dem Ausgang des Start- und dem Eingang des Stopelementes werden Zustände zugeordnet. Sie sind identisch, wenn keine spezielle Rückkehrfolge erforderlich ist.
2. Allen Ausgängen von Anweisungselementen werden unterschiedliche Zustände zugeordnet.
3. Es wird ein Graph gezeichnet, dessen Knoten die Zustände und dessen Kanten die zwischen ihnen vorhandenen direkten Übergänge im PAP sind.
4. Jede Kante im Graphen wird mit den auslösenden Eingangssignalen x_i und den abgegebenen Ausgangssignalen z_j beschriftet.

Die in den Schritten 3 und 4 auftretenden Informationen können natürlich auch in eine Phasenliste eingetragen werden. Wir betrachten als Beispiel den PAP in Abb.4.31. Er sei zunächst ohne die Zustandsbezeichnungen vorgegeben. Wir nehmen als Anfangs- und Endzustand den Zustand (1) an und tragen nach A10 weitere Zustandsbezeichnungen ein. Dabei kann es geschehen, daß mehr als die unbedingt erforderlichen Zustände einzutragen sind, so daß sich Möglichkeiten für eine Zustandsreduktion ergeben. Wir erkennen 5 Zustände, ordnen ihnen Graphenknoten zu und suchen nun die Wege von jedem Zustand zu seinen Nachfolgern. Auf diesen Wegen treffen wir jeweils Entscheidungselemente und/oder ein Anweisungselement an, die als Kantenbeschriftung in den Graphen übernommen werden.

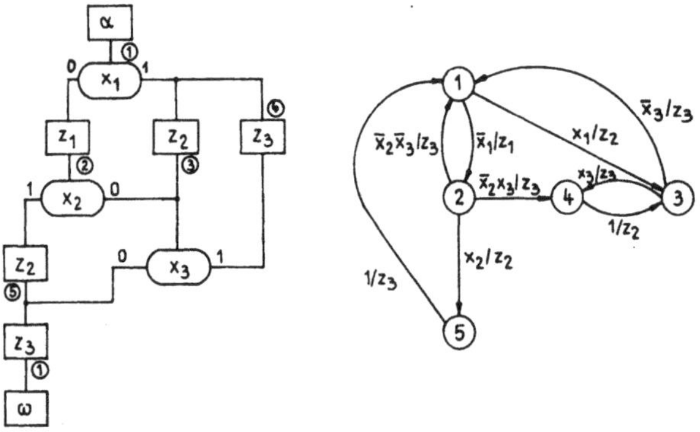

Abb. 4.31

Man beachte insbesondere die Übergänge von (2) nach (1) (zwei Entscheidungselemente), von (4) nach (3) (kein Entscheidungselement) und von (3) nach (1) (es wird nicht etwa der Zustand (5) erreicht!). Dieses Eintragen in den Graphen sollte nicht als formaler Akt, sondern als Komponente des schöpferischen Entwurfsprozesses, z.B. zur Kontrolle des PAP auf sachliche Richtigkeit, aufgefaßt werden. Alle noch folgenden Schritte können voll formalisiert (rechnerintern) ablaufen.

Für den Entwurf der technisch bedeutsameren MOORE-Automaten gilt folgender Algorithmus:

Übergang PAP ⟶ MOORE-Automat (A11)

1. Dem Start- und dem Stopelement werden Zustände zugeordnet. Sie sind identisch, wenn keine spezielle Rückkehrfolge erforderlich ist.
2. Jedem Anweisungselement wird ein Zustand zugeordnet.

3. Es wird ein Graph gezeichnet, dessen Knoten die Zustände und dessen Kanten die zwischen ihnen vorhandenen direkten Übergänge im PAP sind.
4. Jede Kante wird mit den auslösenden Eingangssignalen, jeder Knoten mit den abzugebenden Ausgangssignalen beschriftet.

In Abb.4.32 ist zum gleichen PAP wie oben der Übergangsgraph angegeben. Er enthält einen zusätzlichen Zustand, sein Verhalten ist jedoch auch im zeitlichen Ablauf den technischen Besonderheiten der Schaltungstechnik besser angepaßt. Für beide Graphen können anschließend die in den Abschnitten 4.5. und 4.4. dargestellten Entwurfsschritte benutzt werden.

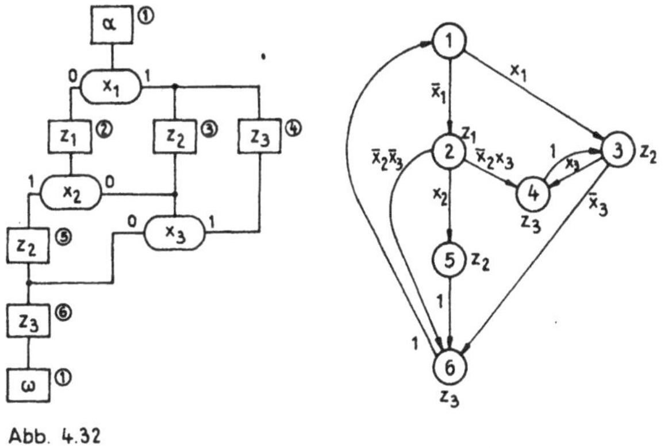

Abb. 4.32

Zur Ergänzung sind in Abb.4.33 noch für beide Fälle die Phasenlisten angegeben, mit denen der Entwurf ebenfalls in der beschriebenen Weise fortgesetzt werden kann.

s	^1s	e	a
1	2	$\bar{x}_1$	z_1
	3	x_1	z_2
2	5	x_2	z_2
	1	$\bar{x}_2\bar{x}_3$	z_3
	4	$\bar{x}_2 x_3$	z_3
3	1	$\bar{x}_3$	z_3
	4	x_3	z_3
4	3	1	z_2
5	1	1	z_3

MEALY- Automat

s	^1s	e	a
1	2	$\bar{x}_1$	
	3	x_1	
2	5	x_2	z_1
	6	$\bar{x}_2\bar{x}_3$	z_1
	4	$\bar{x}_2 x_3$	z_1
3	6	$\bar{x}_3$	z_2
	4	x_3	z_2
4	3	1	z_3
5	6	1	z_2
6	1	1	z_3

MOORE - Automat

Abb. 4.33

Programmablaufpläne entstehen beim Durchdenken des zu lösenden Problems und nehmen nicht in jedem Falle Rücksicht auf die realisierende Schaltungsklasse. In unserem Beispiel haben wir angenommen, daß im Zustand (2) die Variablen x_2 und x_3 gleichzeitig geprüft werden können. Ist das nicht der Fall, so müssen noch Zwischenzustände eingeführt werden (Abb.4.34 mit zugehörigem Graphen des MOORE-Automaten).

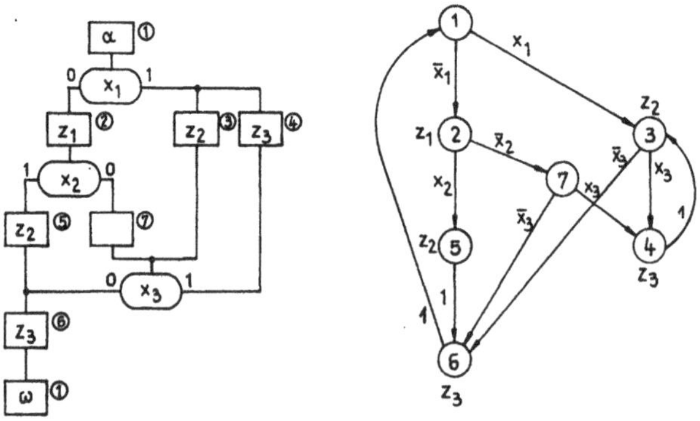

Abb. 4.34

Der entgegengesetzte Fall liegt vor, wenn in jedem Zustand jede Eingangsvariable geprüft werden kann. Gilt zusätzlich, daß während des Ablaufs eines Algorithmus die Eingangsgrößen konstant bleiben, so kann eine einzige Prüfung im Anfangszustand die gewünschte Signalfolge aus dem Festwertspeicher abrufen. Das geht jedoch ohne zusätzliche Maßnahmen nur dann, wenn keine periodischen Signale (Zyklen im Graphen) auftreten können. In unserem Beispiel treten Zyklen unter der Bedingung

$$\bar{x}_1 \, x_2 \vee x_1 \, x_3$$

auf (Zustandswechsel zwischen (3) und (4)). Um für solche periodischen Signale klare Bedingungen zu schaffen, ist die Einführung fester und vorgeschriebener Verzögerungen in den zugehörigen Abläufen erforderlich. Wegen der Annahme unendlich schneller Entscheidungselemente dürfen sich im PAP keine Zyklen ohne Anweisungselemente befinden.

Aus dem Zyklus kann nur eine Änderung der Eingangssignale herausführen. Es ist also durchaus sinnvoll, die gleiche Eingangsvariable in einem PAP mehrfach zu prüfen, da sie sich während der Abarbeitung ändern kann. Andererseits kann die Kenntnis der in jedem Anweisungselement möglichen Änderungen der x_i zur weiteren Vereinfachung des PAP nützlich sein und unnötige Prüfungen ersparen. Diese Zusammenhänge sind unter dem Begriff "Änderungsverteilung" in der Literatur /30/ mehrfach untersucht worden.

Die PAP müssen, wie gezeigt, einer Anzahl formaler Bedingungen genügen. Darüber hinaus enthalten sie jedoch noch viele Möglichkeiten zur semantischen Erweiterung, die dann auch zu neuen formalen Forderungen führen. Ein Beispiel sind Anweisungselemente mit der Bedeutung "z_j ein" und "z_j aus", also mit dynamisch zu interpretierenden Ausgangssignalen. In den Ausgangsgleichungen des zu entwerfenden binären Automaten treten dann die Ausdrücke $\dot{z}_j \, \bar{z}_j$ und $\dot{z}_j \, z_j$ (vgl. Abschnitt 2.4.) auf und fordern spezielle Realisierungen (dynamisch gesteuerte Bauelemente). Dazu kommt als semantische Bedingung im PAP die Forderung nach richtiger Reihenfolge des Ein- und Ausschaltens, auch z.B. innerhalb von Zyklen.

Besonders ausdrucksschwach erscheinen uns die bisher benutzten Entscheidungselemente. Das ist vor allem darauf zurückzuführen, daß wir nur binäre Eingangsvariable des Automaten als Kriterien benutzten. Eine naheliegende Verallgemeinerung besteht zunächst darin, binäre Funktionen binärer Größen (Abb.4.35a) zuzulassen. Die Funktion $q(\underline{x})$ kann beliebig kompliziert sein, ohne daß sich am bisherigen Vorgehen Wesentliches ändert (der Funktionswert muß bei der Abarbeitung berechnet werden, das kostet Zeit oder Hardware und beeinflußt den Programmaufwend).

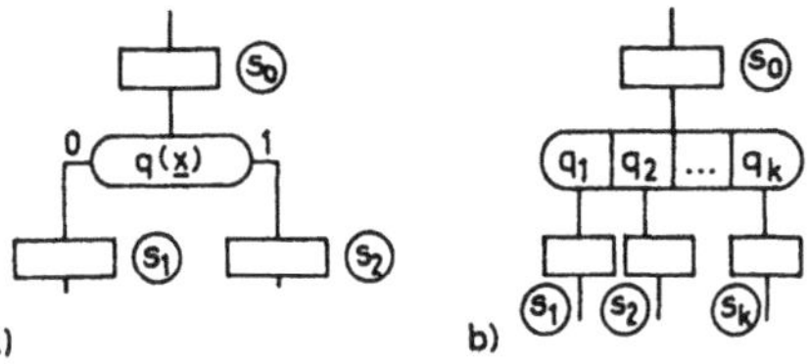

Abb. 4.35

Noch leistungsfähiger werden die Entscheidungselemente, wenn mehr als zwei Alternativen möglich sind (Abb.4.35b). Es liegt dann ein binäres Gleichungssystem vor

$$\begin{aligned} q_1 &= q_1(\underline{x}) , \\ q_2 &= q_2(\underline{x}) , \\ &\vdots \\ q_k &= q_k(\underline{x}) , \end{aligned} \qquad (1)$$

dessen Funktionswerte aus dem aktuellen Vektor $\underline{x}$ berechnet werden müssen, um über den weiteren Weg im PAP zu entscheiden. Dabei treten drei zu berücksichtigende Eigenschaften auf, die spezielle Beachtung fordern.

Orthogonalität: Für das Gleichungssystem (1) kann gelten

$$q_i(\underline{x}) \wedge q_j(\underline{x}) = 0 \qquad \text{für } i \neq j . \qquad (2)$$

Trifft das zu, so ist für jedes $\underline{x}$ höchstens eine Funktion $q_i = 1$, und der entsprechende Ausgang des Entscheidungselementes ist markiert. Andernfalls müssen spezielle Vereinbarungen für die betroffenen $\underline{x}$ gemacht werden, um das Prinzip "Eine Marke im Netz" nicht zu verletzen. Wir geben eine Reihe von Möglichkeiten an, wobei zu jeder Möglichkeit in Abb.4.36 der Ausschnitt aus der

Phasenliste angegeben ist, der dann in den Graphen übertragen wird.

s	${}^1s$	e
s_0	s_i	q_i
s_0	s_j	q_j

I.

s	${}^1s$	e
s_0	s_i	$q_i \bar{q}_j$
s_0	s_j	$\bar{q}_i q_j$
s_0	s_{k+1}	$q_i q_j$

II.

s	${}^1s$	e
s_0	s_i	q_i
s_0	s_j	$\bar{q}_i q_j$

III.

s	${}^1s$	e
s_0	s_1	q_1
s_0	s_2	$\bar{q}_1 q_2$
s_0	s_3	$\bar{q}_1 \bar{q}_2 q_3$
	$\vdots$	
s_0	s_k	$\bar{q}_1 \bar{q}_2 \cdots q_k$

IV.

s	${}^1s$	e
s_0	s_i	$q_i \bar{q}_j$
s_0	s_j	$\bar{q}_i q_j$
s_0	s_0	$q_i q_j$

V.

s	${}^1s$	e
s_0	s_i	$q_i \bar{q}_j \vee p q_i$
s_0	s_j	$\bar{q}_i q_j \vee \bar{p} q_j$

VI.

Abb. 4.36

Wir nehmen die Situation in Abb.4.35b an, die Funktionen q_i und q_j mögen die Bedingung (2) verletzen.

I. Statische Nebenbedingungen (don't care): Es wird angenommen, daß die betreffenden $\underline{x}$ mit Sicherheit nicht auftreten können.

II. Für die betreffenden $\underline{x}$ soll der Übergang in einen Sonderzustand (z.B. Anfangszustand oder Alarmzustand) s_{k+1} bewirkt werden.

III. Der Funktionswert von q_i habe die höhere Priorität.

IV. In Verallgemeinerung von III soll das Entscheidungselement von q_1 beginnend prüfen und beim ersten $q_i = 1$ den Ausgang markieren, ohne weitere q_j zu berechnen.

V. In den betroffenen Fällen soll der Zustand s_o beibehalten werden.

VI. Durch eine zufällig erzeugte Funktion $p(\underline{x})$ soll für $p = 1$ nach s_i und für $p = 0$ nach s_j abwechselnd verzweigt werden.

Welcher dieser Fälle dem jeweiligen Sachbezug am besten gerecht wird, hängt sowohl vom zu realisierenden Algorithmus als auch von den Möglichkeiten der Automatenstruktur ab und kann nicht allgemein entschieden werden.

Vollständigkeit: Durch die Funktionen q_i in Abb.4.35b sollten alle $\underline{x}$ erfaßt werden, d.h., es sollte

$$\bigvee_{i=1}^{k} q_i(\underline{x}) = 1 \tag{3}$$

sein. Ist das nicht der Fall, so müssen für die restlichen Vektoren $\underline{x}$ ebenfalls Festlegungen getroffen werden. Im Gegensatz zu der im Abschnitt 4.5. betrachteten Situation handelt es sich jetzt um benutzte Zustände, für die nur für gewisse $\underline{x}$ der Nachfolgezustand nicht vorgeschrieben ist. Es kann angenommen werden, daß alle für das Problem wesentlichen Übergänge durchdacht worden sind, so daß die übrigen mit formalen Mitteln erfaßt werden können. Wir bilden die Funktion

$$q_{k+1}(\underline{x}) = \overline{\bigvee_{i=1}^{k} q_i} = \bigwedge_{i=1}^{k} \bar{q}_i, \tag{4}$$

die gerade die noch festzulegenden $\underline{x}$ charakterisiert.

Entwerfen wir mit Hilfe einer Automatentabelle (Abschnitt 4.4.), so ist durch

$$q_{k+1}(\underline{x}) = 0 \tag{5}$$

eine einfach zu berücksichtigende statische Nebenbedingung gegeben. Setzen wir den PAP in einen Übergangsgraphen oder eine Phasenliste um, so können beliebige Folgezustände vorgegeben werden.

Möglichkeiten sind z.B. (Abb.4.37):

I. Der erreichte Zustand soll bestehen bleiben.

II. Es soll ein Übergang in den Anfangszustand (z.B. $\underline{0}$) des Automaten erfolgen.

III. Es soll ein Alarm- oder Fehlerzustand s_{k+1} das fehlerhafte Eingangssignal kennzeichnen.

IV. Es soll ein beliebiger anderer, auch durch ein zulässiges Signal erreichbarer Folgezustand eingestellt werden.

s	^1s	e
s_0	s_1	q_1
⋮	⋮	⋮
s_0	s_k	q_k
s_0	s_0	q_{k+1}

I.

s	^1s	e
s_0	s_1	q_1
⋮	⋮	⋮
s_0	s_k	q_k
s_0	$\underline{0}$	q_{k+1}

II.

s	^1s	e
s_0	s_1	q_1
⋮	⋮	⋮
s_0	s_k	q_k
s_0	s_{k+1}	q_{k+1}

III.

s	^1s	e
s_0	s_1	q_1
⋮	⋮	⋮
s_0	s_k	q_k
s_0	s_i	q_{k+1}

$(1 \leq i \leq k)$

IV.

Abb. 4.37

Auch hier sind weitere Möglichkeiten (z.B. auch das Aufteilen von q_{k+1} in mehrere Varianten) denkbar.

<u>Eintakt- oder Mehrtaktentscheidung:</u> Durch schaltungstechnische Maßnahmen kann das Gleichungssystem (2) als Funktionsbündel oder Speichermodul so realisiert werden, daß praktisch momentan die Funktionswerte und damit das Entscheidungsergebnis zur Verfügung stehen. Das gilt auch für alle bisher betrachteten zusätzlichen Möglichkeiten. Es kann jedoch, gerade bei einer Mikroprozessorrealisierung und nicht zu strengen Zeitbedingungen, das sequentielle Berechnen der Funktionen q_i, z.B. in der Reihenfolge von

1 bis k, vorgesehen werden. Dieser Fall ähnelt dem bei Betrachtung der Orthogonalität genannten Fall IV mit der Änderung, daß bei der Berechnung von $q_i(\underline{x})$ angenommen werden kann, daß alle vorher berechneten Funktionen (q_1 bis q_{i-1}) den Wert 0 ergaben. Das kann zur erheblichen Vereinfachung oder Beschleunigung der Rechnungen dienen, weil z.B. statt q_2 eine beliebige (also z.B. berechnungsgünstige) Funktion q_2^* mit

$$q_2 \leq q_2^* \leq q_1 \vee q_2 \tag{6}$$

benutzt werden kann. Nach (2.3.-13) kann q_2^* durch

$$q_2^* = q_2 \vee t_2(q_1 \vee q_2) \tag{7}$$

beschrieben werden, wobei t_2 eine völlig frei wählbare Funktion $t_2(\underline{x})$ ist. Damit wird aus (1)

$$q_1^* = q_1, \tag{8}$$

$$q_2^* = q_2 \vee t_2(q_1 \vee q_2), \tag{9}$$

$$\vdots$$

$$q_i^* = q_i \vee t_i \bigvee_{n=1}^{i-1} q_n, \tag{10}$$

$$\vdots$$

und das Entscheidungselement nach Abb.4.35b wird durch einen Entscheidungsbaum nach Abb. 4.38 (mit zusätzlichen Zwischenzuständen, die durch die sequentielle Abarbeitung auftreten) ersetzt.

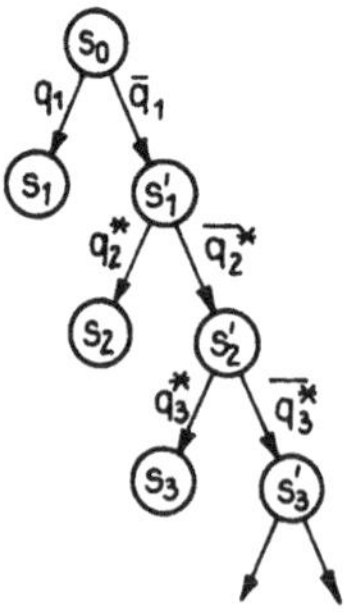

Abb. 4.38

Jede der Funktionen t_i kann unabhängig von anderen gewählt und zur Optimierung benutzt werden.

Wir wollen in einem Beispiel die gewonnenen Erkenntnisse deutlich machen. Es sei der PAP nach Abb.4.39 gegeben. Das Entscheidungselement ist nicht orthogonal und nicht vollständig. Wir legen fest, daß von links beginnend geprüft wird (Fall IV der Orthogonalität) und daß der nicht eingetragene Fall a=b=c=0 zu keiner Zustandsänderung führen soll (Fall I der Vollständigkeit).

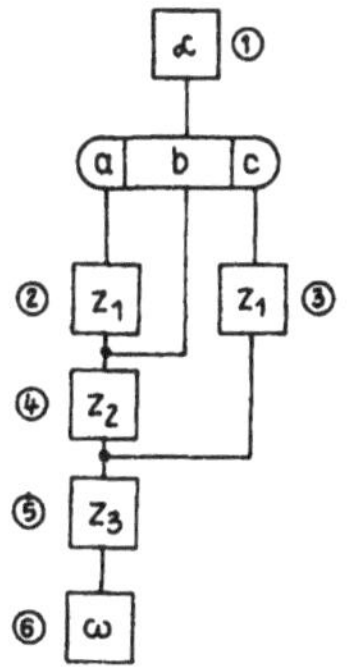

Abb. 4.39

Wir wollen MOORE-Automaten entwerfen, und es soll der Stopzustand nicht mit dem Startzustand identisch sein. Zum Rücksetzen wird dann ein spezielles Signal RES benötigt. Nach A11 ordnen wir zunächst die Zustände zu. Für das Entscheidungselement ist

$$q_{k+1} = \bar{a}\ \bar{b}\ \bar{c}\ .$$

Nach Abb.4.36 (IV) und Abb.4.37(I) und mit der Annahme einer Eintaktentscheidung entsteht die Phasenliste nach Abb.4.40, die sich leicht in den entsprechenden Übergangsgraphen umzeichnen läßt.

Nehmen wir an, daß eine sequentielle Prüfung erforderlich ist, so sind zunächst die Hilfsfunktionen q_2^* und q_3^* zu berechnen:

$$q_2^* = b \lor t_b a\ ,$$

$$q_3^* = c \lor t_c(a \lor b)\ .$$

s	^1s	e	a
1	2	a	
	4	$\bar{a}b$	
	3	$\bar{a}\bar{b}c$	
	1	$\bar{a}\bar{b}\bar{c}$	
2	4	1	z_1
3	5	1	z_1
4	5	1	z_2
5	6	1	z_3
6	6	$\overline{RES}$	
6	1	RES	

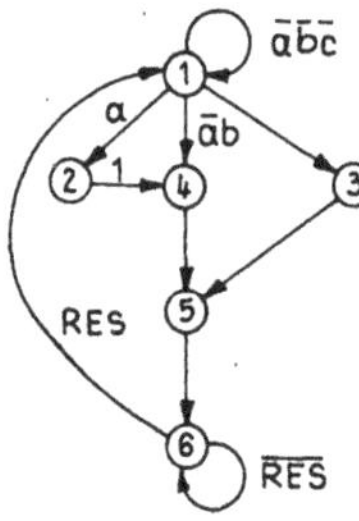

Abb. 4.40

Für q_2^* stehen z.B. b und a v b zur Auswahl. Da es uns um das prinzipielle Vorgehen und nicht um spezielle Optimierungskriterien geht, wählen wir willkürlich $t_b = t_c = 1$. Wir erhalten dann den Graphen nach Abb.4.41. Wären wir wie in Abb.4.34 mit dem Ziel einer Einzelbitprüfung vorgegangen, so hätten wir durch $t_b = t_c = 0$ eine optimale Lösung gefunden.

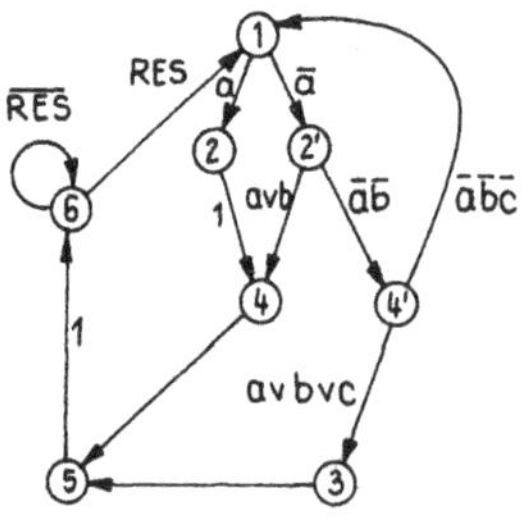

Abb. 4.41

Wir sind bei diesem Beispiel davon ausgegangen, daß der ursprüngliche PAP "richtig" und akzeptabel ist. Selbstverständlich lassen sich für diesen wie auch für andere Automaten äquivalente Lösungen in anderer (in dem einen oder anderen Sinn einfacherer) Form finden.

Betrachten wir abschließend kurz das Einfügen von Unterprogrammen in PAP. Ein Unterprogramm realisiert einen Teilalgorithmus, der prinzipiell auch in den PAP mit eingezeichnet werden könnte. Aus verschiedenen Gründen erscheint es jedoch zweckmäßig, die betroffene Zustandsfolge auszulagern und getrennt, d. h. durch einen zweiten Automaten, zu realisieren. Dieser Unterautomat muß einen Auftrag zum Arbeiten erhalten, wenn seine Zustandsfolge erforderlich ist, und er muß dem übergeordneten Automaten durch eine Rückmeldung (RET = 1) den erfüllten Auftrag melden. Das Wechselspiel der Datenkanäle lassen wir hier außer Acht, indem wir es mit zu den auszuführenden Algorithmen zählen.

In Abb.4.42 sind die Zusammenhänge deutlich gemacht. Der übergeordnete Automat (Hauptprogramm) befindet sich während der Abarbeitung des Unterprogrammes im Zustand s_2, aus dem er nur durch das Signal RET herausgelöst wird. Das Unterprogramm wird bei Erreichen von s_2 gestartet und gibt (als MOORE-Automat) im Stopzustand das Quittierungssignal RET ab.

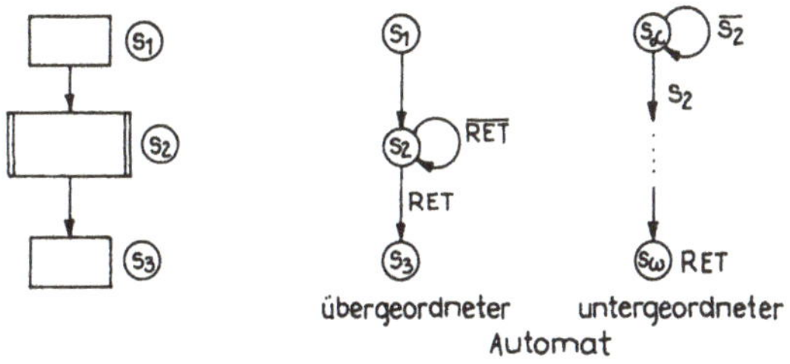

Abb. 4.42

Diese einfachste Form des Wechselspiels zweier Automaten wird wesentlich komplizierter, wenn Parallelarbeit zugelassen ist, Ressourcenbeschränkungen auftreten und die Zahl der wechselwirkenden Automaten größer wird. Sie soll hier nicht weiter verfolgt werden, kann aber mit den in diesem Buch vorgestellten Mitteln vollständig beschrieben und berechnet werden /7/.

4.7. Entwurf aus Restriktionen

Die Verhaltensvorschriften eines Automaten werden im allgemeinen konstruktiv beschrieben, d.h., für jeden Zustand werden die Nachfolgezustände und Ausgangssignale in Abhängigkeit von den Eingangssignalen angegeben. Die Verhaltensbeschreibung enthält Aussagen, was zu tun ist.

In der Praxis treten jedoch auch sehr oft Situationen auf, in denen formuliert wird, was nicht getan werden darf. Die Straßenverkehrsordnung ist ein Beispiel eines solchen Algorithmus, und dem Kraftfahrer bleibt "im Rahmen des Gesetzes" nur noch eine gewisse Freiheit der Wahl der Geschwindigkeit, der Fahrtrichtung oder des Parkplatzes. Für einen Steuerungsautomaten, der denselben Gesetzen folgen soll, bleibt die Freiheit die gleiche, und sein Entwurf muß die Freiheitsgrade oder die Einschränkungen (Restriktionen) in passender Weise berücksichtigen. Es handelt sich also im allgemeinen um den Entwurf nichtdeterministischer Automaten (vgl. Abschnitt 1.2.).

Wir haben die LAGRANGE-Gleichungen

$$L(\underline{x}, \underline{y}, {}^1\underline{y}) = 0 \qquad (1)$$

und

$$L(\underline{x}, \underline{y}, \dot{\underline{y}}) = 0 \qquad (2)$$

als Mittel der Automatenbeschreibung kennengelernt und erkannt, daß ihre eindeutige Auflösung in den Formen

$${}^1\underline{y} = f(\underline{x}, \underline{y}) \qquad (3)$$

oder

$$\dot{\underline{y}} = g(\underline{x}, \underline{y}) \qquad (4)$$

der zentrale Entwurfsschritt (bei dieser Vorgehensweise) ist. Für nichtdeterministische Automaten ist die Auflösung jedoch nicht eindeutig, es gibt also eventuell mehrere ${}^1\underline{y}$, die für gegebenes $\underline{x}$ und $\underline{y}$ die Gleichung (1) erfüllen. Gerade diese Situation benötigen wir für unsere Entwurfsaufgabe. Die Lösungen der LAGRANGE-Gleichung (Phasen mit L = 0) sind die zulässigen Vektoren, alle nicht zulässigen werden durch L = 1 erfaßt. Gelingt es uns, die Funktion L aus der vorliegenden Problemstellung zu ermitteln, so ist die Entwurfsaufgabe gelöst. Wir erinnern daran, daß (1) und (2) spezielle Graphengleichungen sind. Das Verbot gewisser Knoten eines Graphen wurde im Abschnitt 3.4. durch Gleichungen des Typs

$$h(\underline{x}) = 0 \tag{5}$$

ausgedrückt, die zur Folge hatten, daß nur noch Kanten ($\underline{x}$, $\underline{dx}$) zwischen zulässigen Knoten auftreten konnten. Diese genügen der Bedingung

$$\underset{\underline{x}}{\mathrm{Max}}\ h(\underline{x}) = h(\underline{x}) \vee d\,h(\underline{x}, \underline{dx}) = 0, \tag{6}$$

die wir mit

$$\underline{x}^* = \underline{x} \nsim \underline{dx} \tag{7}$$

auch einfacher

$$h(\underline{x}) \vee h(\underline{x}^*) = 0 \tag{8}$$

schreiben können.

Damit ist die Erfassung statischer Restriktionen möglich:

<u>Erfassung statischer Restriktionen</u> (A12)

1. Mit beliebiger abkürzender Symbolik werden Gleichungen
$$H_i = 0 \tag{9}$$
formuliert, bei denen die H_i verbotene Situationen kennzeichnen.
2. Alle in den H_i vorkommenden Größen werden binär kodiert, so daß ein binäres Gleichungssystem
$$h_i(\underline{x}) = 0, \qquad 1 \leq i \leq n, \tag{10}$$
entsteht. Lösungen $\underline{x}$ des Gleichungssystems sind zulässige Zustände (Knoten).
3. Durch
$$h(\underline{x}) = \bigvee_{i=1}^{n} h_i(\underline{x}) = 0 \tag{11}$$
werden die Gleichungen zusammengefaßt. Lösungen von (6) oder (8) sind dann zulässige Übergänge (Kanten).

Das Hinzufügen dynamischer Nebenbedingungen bereitet nun keine Schwierigkeiten mehr, denn durch (6) oder (8) sind ja schon Graphengleichungen

$$f(\underline{x}, \underline{dx}) = 0 \tag{12}$$

bzw.

$$g(\underline{x}, \underline{x}) = 0 \tag{13}$$

gegeben, denen weitere einschränkende Gleichungen

$$p(\underline{x}, \underline{dx}) = 0 \tag{14}$$

bzw.

$$q(\underline{x}, \underline{x}) = 0 \tag{15}$$

hinzugefügt werden können.

Diese recht abstrakten Überlegungen, die zusammenfassend Aussagen aus den Kapiteln 2 und 3 enthalten, sollen nun durch ein Beispiel illustriert werden. Es sei die Steuerung einer Verkehrsampel für eine einfache Kreuzung zu entwerfen, wobei die Restriktionen für beide Verkehrsrichtungen (1 und 2) gleichberechtigt sein sollen. Für jede Verkehrsrichtung ist durch den Graphen in Abb.4.43 die Farbenfolge festgelegt (Rot R und Grün N können beliebig lange leuchten, Gelb G nur genau eine Taktzeit).

Abb. 4.43

Dieser Graph wird durch eine Gleichung in den Symbolen R, G und N vom Typ (9) beschrieben, die die in ihm verbotenen Kanten aufzählt:

$$R\,N^* \vee N\,R^* \vee G\,G^* = 0 \quad . \tag{16}$$

Diese Gleichung gilt für beide Verkehrsrichtungen und liefert damit schon die ersten Restriktionen vom Typ (15):

$$\begin{aligned} R_1\,N_1^* \vee N_1\,R_1^* \vee G_1\,G_1^* &= 0 \,, \\ R_2\,N_2^* \vee N_2\,R_2^* \vee G_2\,G_2^* &= 0 \,. \end{aligned} \tag{i}$$

Statische Nebenbedingungen folgen aus der Forderung, daß nicht beide Richtungen gleichzeitig Rot oder Grün zeigen sollen:

$$R_1\ R_2 \vee N_1\ N_2 = 0.$$

Diese Gleichung vom Typ (5) ergänzen wir zum Typ (8)

$$R_1\ R_2 \vee N_1\ N_2 \vee R_1^*\ R_2^* \vee N_1^*\ N_2^* = 0\ . \qquad \text{(ii)}$$

Weiterhin sei, um Kollisionen zu vermeiden, verboten, daß auf einen Grünzustand in einer Richtung sofort ein Grünzustand der anderen Richtung folgt:

$$N_1\ N_2^* \vee N_2\ N_1^* = 0. \qquad \text{(iii)}$$

Wir nehmen an, daß hiermit die Phantasie des Entwerfers erschöpft ist und er nun berechnen möchte, was die Ampel unter diesen Voraussetzungen noch darf. Zum Berechnen ist der Übergang zu binären Gleichungen zu vollziehen. Dazu sind die vorläufigen Symbole in an sich beliebiger Form zu kodieren. Die Nebenbedingungen der gewählten Kodierung (z.B. bei einer 1-aus-n-Kodierung die Tatsache, daß stets genau eine Variable gleich 1 ist und sich damit stets genau zwei Variable ändern) werden aber dabei zu Bestandteilen der Aufgabenstellung und sind mit zu berücksichtigen (das bereitet keine prinzipiellen programmtechnischen Schwierigkeiten). Die Kodierung darf auch für die Problemstellung keine Einschränkungen mit sich bringen (z.B. durch die Wahl orthogonaler Kodeworte für nichtorthogonale Symbole).

Wir wählen 8 binäre Variable, die wir in folgender Weise zuordnen:

	x_1	x_2
R_1	0	0
G_1	0	1
N_1	1	1

	x_1	x_2
R_1	0	0
G_1	0	1
N_1	1	1

	x_3	x_4
R_2	0	0
G_2	0	1
N_2	1	1

	x_3	x_4
R_2	0	0
G_2	0	1
N_2	1	1

Die binären Ausdrücke, die in die Problemgleichungen (i), (ii) und (iii) zu substituieren sind, lauten damit

$$R_1 = \bar{x}_1\ \bar{x}_2, \quad R_1^* = \overline{x_1^*}\ \overline{x_2^*}, \quad R_2 = \bar{x}_3\ \bar{x}_4, \quad R_2^* = \overline{x_3^*}\ \overline{x_4^*},$$

$$G_1 = \bar{x}_1\ x_2, \quad G_1^* = \overline{x_1^*}\ x_2^*, \quad G_2 = \bar{x}_3\ x_4, \quad G_2^* = \overline{x_3^*}\ x_4^*,$$

$$N_1 = x_1\ x_2, \quad N_1^* = x_1^*\ x_2^*, \quad N_2 = x_3\ x_4, \quad N_2^* = x_3^*\ x_4^*.$$

Als Nebenbedingung vom Typ (8) entsteht durch die Kodierung

$$x_1 \bar{x}_2 \vee x_1^* \overline{x_2^*} \vee x_3 \bar{x}_4 \vee x_3^* \overline{x_4^*} = 0.$$

Substituieren wir die Ausdrücke und lösen das entstehende binäre Gleichungssystem zusammen mit der Nebenbedingung, so bleiben die in Abb. 4.44 gezeigten Lösungen (in TVL-Darstellung, wie sie der Rechner liefert) übrig.

x_1	x_2	x_3	x_4	x_1^*	x_2^*	x_3^*	x_4^*
0	0	1	1	0	–	–	1
0	0	0	1	0	–	1	1
0	1	–	1	0	0	1	1
0	1	1	1	0	0	0	1
0	0	0	1	0	1	0	0
0	1	0	0	0	0	0	1
–	1	0	–	1	1	0	0
–	1	0	0	1	1	0	1
1	1	0	–	0	1	0	0
1	1	0	0	0	1	0	1

Abb. 4.44

1	2	1*	2*
R	N	G	N
R	N	G	G
R	N	R	N
R	N	R	G
R	G	R	N
R	G	G	N
G	G	R	N
G	N	R	N
G	N	R	G
R	G	G	R
G	R	R	G
G	R	N	R
G	G	N	R
N	R	N	R
N	G	N	R
G	R	N	G
N	R	N	G
N	R	G	R
N	G	G	R
N	R	G	G

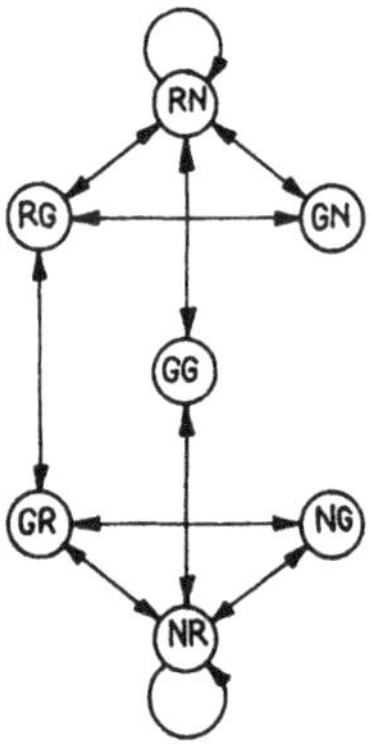

Abb. 4.45

Durch Auflösen in eine Binärvektorliste und Rückkodierung in die Farbsymbole entsteht eine übersichtlichere, wenn auch längere Phasenliste, die mit dem zugehörigen Graphen in Abb.4.45 dargestellt ist. Man erkennt die länger anhaltenden Zustände Rot-Grün und Grün - Rot, die kurze Übergangsfolge über den Zwischenzustand Gelb - Gelb (in einfachen Ampelanlagen gebräuchlich) und die längere Folge Rot - Grün, Rot - Gelb, Gelb - Rot und Grün - Rot. Den formulierten Bedingungen zufolge ist also bei der längeren Folge der Zwischenzustand Gelb - Gelb nicht erforderlich, jedoch ist zwischen Rot - Grün und Rot - Gelb der von der Aufgabenstellung her sinnlose Zwischenzustand Gelb - Grün möglich. Das Durchdenken (Simulieren) des Entwurfsergebnisses wird dem Entwerfer beim Entwurf aus Restriktionen ebensowenig wie bei anderen Vorgehensweisen erspart!

Der Restriktionsentwurf ist nicht zum heutigen Handwerkszeug des Entwerfers zu zählen. Er hat sich jedoch als rechentechnisch gut beherrschbar, anschaulich und leistungsfähig erwiesen. Anwendungsgebiete sind z.B. die Analyse hierarchischer Automatennetze /7/, die Netzsteuerung bei Verkehrs- und Nachrichtennetzen und die Bewegungssteuerung entlang vorgegebener Wege bzw. bei vorhandenen Hindernissen.

4.8. Analyse hierarchischer Automatennetze

Technisch bedeutungsvolle Automaten sind fast immer zu komplex, um ihr Verhalten als Ganzes als Graph, Tabelle oder Phasenliste darstellen zu können. Als Ausweg bietet sich an, den Gesamtautomaten in einzeln beschreibbare Teile zu zerlegen, wobei jedoch durch die unterschiedliche Natur der Teile (Hardware- oder Softwarelösungen, unterschiedliche Schaltungsklassen oder Programmiersprachen) gefordert wird, daß eine Analyse des gesamten Automatennetzes ohne detaillierte Kenntnis des Verhaltens der Teilautomaten möglich sein muß. Von letzteren wird oft und auch hier außer ihrer Existenz und den allgemeinen Eigenschaften eines Automaten nichts weiter vorausgesetzt. Gerade in diesem Verzicht auf Einzelheiten technischer oder problemspezifischer Art liegt die Stärke des top-down-Entwurfs, der vom Gesamtverhalten schrittweise zum Detailverhalten vordringt.

Es kann nicht Aufgabe dieses Kapitels sein, die Zerlegung (Dekomposition) des Gesamtverhaltens zu zeigen oder "alle möglichen" Typen von Automatennetzen zu betrachten. Trotz umfangreicher Forschungen zu diesen Zielstellungen scheinen die Ergebnisse noch nicht genügend praktikabel zu sein. Wir setzen uns das wesentlich bescheidenere Ziel, gegebene hierarchische Automatennetze auf ihr Verhalten unter verschiedenen Bedingungen zu analysieren und einige allgemein gültige Gesetze zu diesem Netztyp zu erarbeiten. Wir werden dazu durch die praktische Bedeutung dieser Art von Automatennetzen und durch die Möglichkeit ermutigt, mit den bisher benutzten Mitteln auszukommen.

Es sei eine Menge von Automaten

$$\mathfrak{M} = \{ \mathfrak{A}_1, \mathfrak{A}_2, \dots, \mathfrak{A}_k \} \quad (1)$$

gegeben, deren Eingangssignale aus einer gemeinsamen Umwelt und aus den anderen Automaten stammen mögen. Ebenso werden die Ausgangssignale an die Umwelt und an andere Automaten der Menge abgegeben. Die Automaten der Menge bilden ein <u>hierarchisches Automatennetz</u> genau dann, wenn es eine disjunkte Einteilung der Menge $\mathfrak{M}$ in Klassen (<u>Stufen</u>) $C_i (1 \leq i \leq m)$ gibt, die folgenden zwei Bedingungen genügt:

1. Die Stufe C_1 enthält genau einen Automaten.
2. Automaten der Stufe C_i kommunizieren mit genau einem Automaten der Stufe C_{i-1} und mit beliebig vielen der Stufe C_{i+1},

jedoch nicht mit Automaten anderer Stufen.
Die Kommunikation vollzieht sich so, daß aus der Stufe C_{i-1} (übergeordnete Stufe, Chef) Aufträge (Startsignale, Anfangsparameter) an die Stufe C_i erteilt werden und aus der Stufe C_{i+1} (untergeordnete Stufe, Untergebener) Quittungen (Fertigmeldungen, Ergebnisse) rückgemeldet werden. Man beachte, daß dieser Signalaustausch das innere Funktionieren des Automatennetzes bewirkt und jeder Automat darüber hinaus mit der Umwelt (externen Geräten oder Speichern) Daten austauschen kann, die in seinem spezifischen Algorithmus vorgesehen sind! Aus unserer Definition ergibt sich auch, daß es über ein und derselben Menge von Automaten unterschiedliche hierarchische Strukturen geben kann (Abb. 4.46). Die in der Abbildung gezeigten Netze enthalten 3,2 und 4 Stufen. Zusätzlich führen wir den Begriff der Ebene ein.

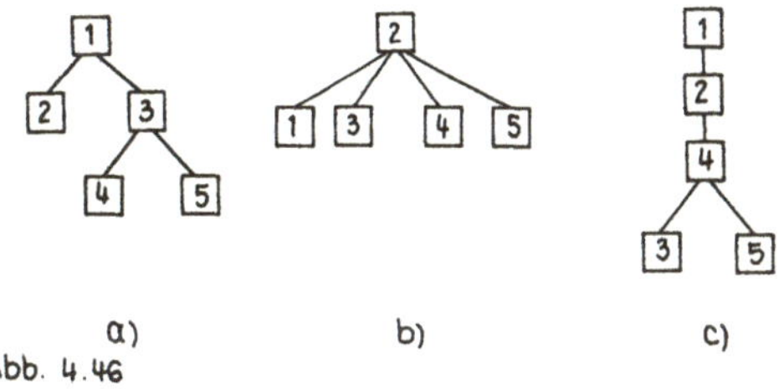

Abb. 4.46

Alle Automaten beliebiger Stufe, die keine untergeordneten Automaten besitzen, gehören zur untersten Ebene H_0. Die höheren Ebenen ergeben sich durch die Nachbarschaftsbeziehungen im Netz, wir benötigen jedoch nur H_0 für die Analyse. In Abb.4.46a wird H_0 aus den Automaten 2,4 und 5 gebildet.

Für die Automaten im Netz wollen wir nur minimale Annahmen vereinbaren. Wir unterscheiden für jeden Automaten höchstens 4 Zustände (weitere sind denkbar, bleiben aber hier außer Betracht):

Ruhezustand R: Der Automat und keiner seiner Untergebenen erhielt einen Auftrag.

Arbeitszustand A: Der Automat erhielt einen Auftrag und arbeitet auf der Grundlage seines Algorithmus (z.B. nach einem vorgegebenen Programm oder PAP).

Wartezustand W: Der Automat ist prinzipiell mit der Bearbeitung eines Auftrages beschäftigt, hat aber einen Auftrag an einen untergeordneten Automaten gegeben und kann erst nach dessen Quittungssignal weiterarbeiten.

Fehlerzustand F: Während des Arbeitszustandes ist eine Situation aufgetreten, die das Weiterarbeiten verhindert und durch ausgelöste Aufträge oder deren Quittungssignale nicht behoben werden kann (z.B. Warten auf externe Daten, Hardwarefehler, Interrupt).

Wir wollen drei Typen von Automaten unterscheiden, die nur in Bezug auf den Fehlerzustand unterschiedliches Verhalten zeigen (Abb.4.47).

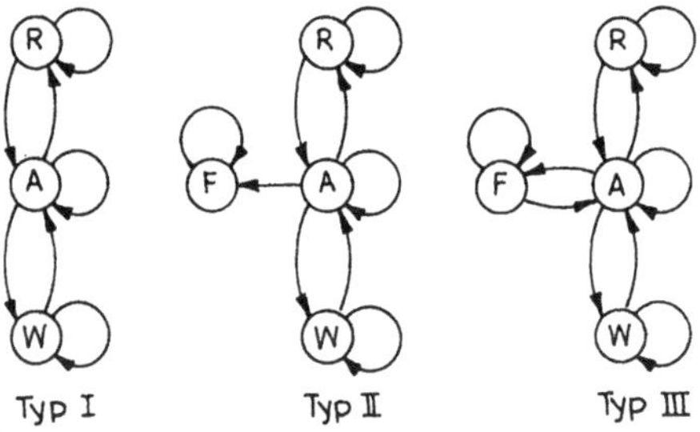

Abb. 4.47

Jeder Typ enthält wenigstens die Zustände R, A und W, wobei kein unmittelbarer Übergang zwischen R und W möglich ist (der Automat muß wenigstens einen Takt lang arbeiten, um zu entscheiden, ob er einen Auftrag weiter nach unten gibt). Der Typ I enthält keinen Fehlerzustand (das genügt in vielen praktischen Fällen), bei Typ II kann der Fehlerzustand zwar erreicht, aber nicht verlassen werden (z.B. bei Hardwarefehlern) und bei Typ III können aufgetretene Fehlersituationen wieder verschwinden oder behoben werden. Alle drei Typen erscheinen zunächst nichtdeterministisch. Wir wollen für Typ I die auftretenden Steuersignale ergänzen

(Abb.4.48).

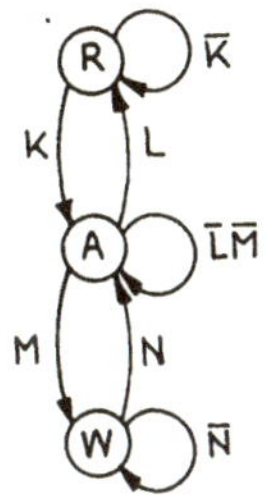

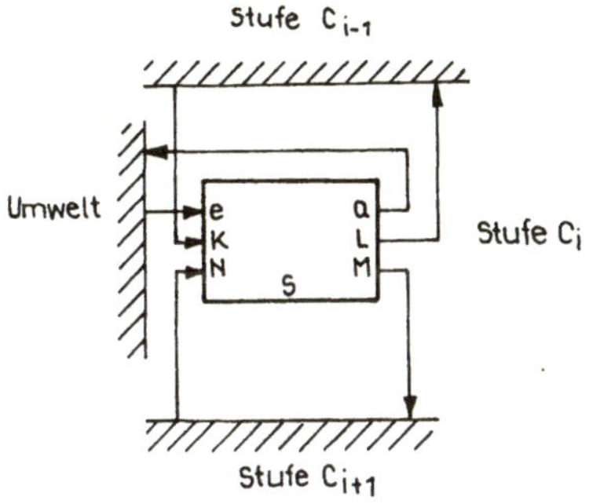

Abb. 4.48

Mit K ist das "von oben" kommende Startsignal (Auftrag wird erteilt) bezeichnet. Durch L wird "nach oben" der erledigte Auftrag quittiert. Ein Signal M bewirkt den Übergang in den Wartezustand und löst einen Auftrag "nach unten" aus, der durch ein N -Signal quittiert wird, das den Arbeitszustand wieder herstellt. Selbstverständlich sind in praktischen Fällen die Signale K,L,M und N durch konkrete, problemtypische Größen zu substituieren. Für uns ist aber wesentlich, daß auch ohne ihre Benutzung, allein auf Grund der nichtdeterministischen Automatenbeschreibung wesentliche Aussagen über das Globalverhalten des Automatennetzes gewonnen werden können.

Die Zustände R,A,W und F werden durch binäre Variable p und q dargestellt. Wir wählen die Zuordnung:

R: $p = 0$, $q = 1$,
A: $p = 1$, $q = 1$,
W: $p = 1$, $q = 0$,
F: $p = 0$, $q = 0$

und erhalten damit die Substitutionsgleichungen

$$R = \bar{p}\, q\,, \qquad (= \bar{p}) \tag{2}$$

$$A = p\, q\,, \qquad (3)$$

$$W = p\, \bar{q}\,, \qquad (= \bar{q}) \qquad (4)$$

$$F = \bar{p}\, \bar{q}\,. \qquad (5)$$

Die in Klammern stehenden Ausdrücke gelten für Typ I. Für jeden der Automatengraphen kann damit eine LAGRANGE-Gleichung angegeben werden:

Typ I: $\bar{p}\, \bar{q} \vee {}^1\bar{p}\, {}^1\bar{q} \vee \bar{p}\, {}^1\bar{q} \vee {}^1\bar{p}\, \bar{q} = 0,$ (6)

Typ II: $\bar{p}\, \bar{q}\, {}^1q \vee \bar{p}\, \bar{q}\, {}^1p \vee \bar{p}\, q\, {}^1\bar{q} \vee p\, \bar{q}\, {}^1\bar{p} = 0,$ (7)

TypIII: $\bar{p}\, q\, {}^1\bar{q} \vee \bar{q}\, {}^1\bar{p}\, {}^1q \vee p\, \bar{q}\, {}^1\bar{p} \vee \bar{p}\, {}^1p\, {}^1\bar{q} = 0.$ (8)

Anschaulicher und praktisch bedeutungsvoller sind die Phasenlisten, die in Abb.4.49 in orthogonaler DF angegeben sind.

Typ I

p	q	${}^1p$	${}^1q$
–	1	–	1
1	–	1	0
1	0	1	1

Typ II

p	q	${}^1p$	${}^1q$
0	0	0	0
–	1	–	1
1	1	–	0
1	0	1	–

Typ III

p	q	${}^1p$	${}^1q$
0	0	0	0
–	1	–	1
–	0	1	1
1	1	–	0
1	0	1	0

Abb. 4.49

Noch bequemer ist es, mit den Abkürzungen R,A,W und F selbst zu arbeiten, was jedoch nur möglich ist, wenn eine Substitution im Sinne der Gleichungen (2), (3), (4) und (5) vereinbart wurde. Die Gleichungen lauten dann

Typ I: $R\, {}^1W \vee W\, {}^1R = 0,$ (9)

Typ II: $R({}^1W \vee {}^1F) \vee W({}^1R \vee {}^1F) \vee F({}^1R \vee {}^1A \vee {}^1W) = 0,$ (10)

Typ III: $R({}^1W \vee {}^1F) \vee W({}^1R \vee {}^1F) \vee F({}^1R \vee {}^1W) = 0\,.$ (11)

Wir erkennen in dieser Form der Automatenbeschreibung die in Abschnitt 4.7. behandelten Restriktionen wieder. Will man nun ein Automatennetz analysieren, so sind zunächst für alle seine Automaten die Typgleichungen nach (6), (7), (8) oder (9), (10), (11) aufzustellen. Zwischen den Automaten bestehen jedoch die durch das Netz festgelegten Kopplungen, die durch weitere Restriktionen erfaßt werden müssen. Es zeigte sich, daß in jedem hierarchischen Automatennetz 5 allgemeingültige Gesetze bestehen, die dann noch durch spezielle Eigenschaften ergänzt werden können und müssen.

<u>1. Gesetz:</u> Automaten der untersten Ebene H_o besitzen keinen Wartezustand:

$$\bigvee_{i \in H_o} W_i = 0 \qquad (12)$$

Da es sich um eine statische Nebenbedingung handelt, ist das für die Anfangsknoten der Kanten formulierte Gesetz durch eine gleichartige Aussage für die Endknoten zu ergänzen:

$$\bigvee_{i \in H_o} {}^1W_i = 0 . \qquad (13)$$

Beide Aussagen können zu

$$\operatorname*{Max}_t \bigvee_{i \in H_o} W_i = 0 \qquad (14)$$

zusammengefaßt werden.

<u>2. Gesetz:</u> Wenn ein Automat ruht, so kann keiner der ihm in beliebiger Tiefe untergeordneten Automaten außerhalb des Ruhezustandes sein. Das folgt aus dem Prinzip der von oben nach unten erfolgenden Auftragserteilung und kann nur in dem (hier ausgeschlossenen) Fall durchbrochen werden, daß Automaten ihren Arbeitsschluß nicht nach oben quittieren müssen. Wir bezeichnen mit U(i) die Indexmenge aller dem Automaten i in beliebiger Tiefe untergeordneten Automaten. Dann gilt

$$R_i \bigvee_{j \in U(i)} R_j = 0 \qquad (15)$$

und

$${}^1R_i \bigvee_{j \in U(i)} {}^1R_j = 0 \qquad (16)$$

oder zusammengefaßt

$$\operatorname*{Max}_t R_i \bigvee_{j \in U(i)} R_j = 0 . \qquad (17)$$

<u>3. Gesetz:</u> Wenn ein Automat im Wartezustand ist, so dürfen sich nicht alle ihm in beliebiger Tiefe untergeordneten Automaten im Ruhezustand befinden. Er hätte sonst keine Aussicht, wieder in den Arbeitszustand zurückzukehren. Es gilt

$$W_i \bigwedge_{j \in U(i)} R_j = 0 \qquad (18)$$

und

$${}^1W_i \bigwedge_{j \in U(i)} {}^1R_j = 0 \qquad (19)$$

und folglich

$$\operatorname*{Max}_t W_i \bigwedge_{j \in U(i)} R_j = 0 . \qquad (20)$$

Die 3 bisher genannten Gesetze schließen statisch eine Anzahl von Globalzuständen aus. Will man nur die verbleibenden, zulässigen Globalzustände ermitteln, so genügt es, für alle Automaten des Netzes die Gleichungen (12),(15) und (18) aufzustellen und zu lösen. Wir werden das weiter unten in einem Beispiel zeigen.

Die Wechselwirkung zwischen den Automaten entlang der Signalwege im Netz bewirkt auch dynamische Zusammenhänge:

4. Gesetz: Ein Automat kann nur dann vom Ruhe- in den Arbeitszustand übergehen, wenn sein unmittelbar übergeordneter Automat im Arbeitszustand ist (Auftragserteilung erfolgt nur von Stufe zu Stufe und ist nur im Arbeitszustand möglich). Mit $U_o(i)$ bezeichnen wir die Menge der dem Automaten i unmittelbar (in der nächsttieferen Stufe) untergeordneten Automaten. Dann gilt

$$\bar{A}_i \bigvee_{j \in U_o(i)} R_j \; {}^1A_j = 0. \qquad (21)$$

5. Gesetz: Ein Automat kann den Wartezustand nur durch ein Quittungssignal von unten verlassen, das wiederum nur während des Arbeitszustandes eines unmittelbar untergeordneten Automaten generiert werden kann. Damit folgt

$$W_i \; {}^1A_i \bigwedge_{j \in U_o(i)} \bar{A}_j = 0 \, . \qquad (22)$$

Die genannten 5 Gesetze (ihre Vollständigkeit ist sehr wahrscheinlich, aber noch nicht sicher nachgewiesen) können nun relativ formal auf ein gegebenes Automatennetz angewendet werden. Wir wählen dazu das in Abb.4.46a dargestellte Netz und nehmen an, daß die Automaten 1,2 und 3 vom Typ I und die Automaten 4 und 5 vom Typ III sind. Es gelten dann zunächst die Typgleichungen nach (9) und (11):

$$R_1 \; {}^1W_1 \vee W_1 \; {}^1R_1 = 0, \qquad (23)$$

$$R_2 \; {}^1W_2 \vee W_2 \; {}^1R_2 = 0, \qquad (24)$$

$$R_3 \; {}^1W_3 \vee W_3 \; {}^1R_3 = 0, \qquad (25)$$

$$R_4({}^1W_4 \vee {}^1F_4) \vee W_4({}^1R_4 \vee {}^1F_4) \vee F_4({}^1R_4 \vee {}^1W_4) = 0 \, , \qquad (26)$$

$$R_5({}^1W_5 \vee {}^1F_5) \vee W_5({}^1R_5 \vee {}^1F_5) \vee F_5({}^1R_5 \vee {}^1W_5) = 0 \, . \qquad (27)$$

Für die rechnerische Analyse sind sie, wie auch alle folgenden Gleichungen, in die binäre Form mit Hilfe der Substitutionen (2),

(3),(4) und (5) zu übersetzen. Prinzipiell sind je Automat 4 Bit, in der Ebene H_0 jedoch nur 2 Bit erforderlich, um die Rechnungen auszuführen.

Die 3 statischen Gesetze lauten (in der Form (12),(15) und (18)):

$$W_2 \vee W_4 \vee W_5 = 0, \qquad (28)$$

$$R_1(\overline{R_2} \vee \overline{R_3} \vee \overline{R_4} \vee \overline{R_5}) = 0, \qquad (29)$$

$$R_3(\overline{R_4} \vee \overline{R_5}) = 0, \qquad (30)$$

$$W_1\, R_2\, R_3\, R_4\, R_5 = 0, \qquad (31)$$

$$W_3\, R_4\, R_5 = 0. \qquad (32)$$

Mit ihrer Hilfe (und der Vereinbarung über den Automatentyp)können wir feststellen, welche globalen Zustände unser Automatennetz insgesamt annehmen kann (Abb.4.50). Die einzelnen Automaten besitzen folgende Zustände:

1 : R, A, W,
2 : R, A,
3 : R, A, W,
4 : R, A, F,
5 : R, A, F .

Die in (29) und (30) auftretenden negierten Ausdrücke können damit kurzschriftlich folgendermaßen ersetzt werden:

$$\overline{R_2} = A_2, \qquad (33)$$

$$\overline{R_3} = A_3 \vee W_3 , \qquad (34)$$

$$\overline{R_4} = A_4 \vee F_4 , \qquad (35)$$

$$\overline{R_5} = A_5 \vee F_5 . \qquad (36)$$

In Abb.4.50 erkennt man, daß es für das Netz insgesamt 72 mögliche Betriebszustände gibt, von denen je 32 ohne Fehlerzustand oder mit genau einem Fehlerzustand im Netz auftreten. 8 Zustände sind mit zwei Fehlern möglich. Für die weitere Analyse ist diese Zustandszahl selbstverständlich zu hoch, um anschauliche Aussagen zu gewinnen. Zur Vereinfachung können dann entweder die Zustandszahl einschränkende Annahmen eingearbeitet werden (s.u.) oder von einem oder wenigen Zuständen aus das dynamische Verhalten ermittelt werden. Die rechentechnische Behandlung (18 binäre Variable) stellt kein kompliziertes Problem dar /25/.

Zur Bestimmung des dynamischen Verhaltens sind für die berech-

F-Zustände ↓ / A-Zustände →	0	1	2	3	4	5
0	RRRRR	ARRRR WARRR WRARR WRWAR WRWRA	AARRR ARARR ARWAR ARWRA WAARR WAWAR WAWRA WRAAR WRARA WRWAA	AAARR AAWAR AAWRA ARAAR ARARA ARWAA WAAAR WAARA WAWAA WRAAA	AAAAR AAARA AAWAA ARAAA WAAAA	AAAAA
1	WRWFR WRWRF	ARWFR WAWFR WRAFR WRWFA ARWRF WAWRF WRARF WRWAF	AAWFR ARAFR ARWFA WAAFR WAWFA WRAFA AAWRF ARARF ARWAF WAARF WAWAF WRAAF	AAAFR AAWFA ARAFA WAAFA AAARF AAWAF ARAAF WAAAF	AAAFA AAAAF	
2	WRWFF	ARWFF WAWFF WRAFF	AAWFF ARAFF WAAFF	AAAFF		

Interpretation (z.B.):

ARWFA ≙

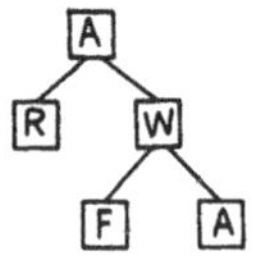

Abb. 4.50

neten Zustände noch die Gesetze 4 und 5 heranzuziehen. Sie lauten:

$$\overline{A}_1(R_2\ {}^1A_2 \vee R_3\ {}^1A_3) = 0, \tag{37}$$

$$\overline{A}_3(R_4\ {}^1A_4 \vee R_5\ {}^1A_5) = 0, \tag{38}$$

$$W_1\ {}^1A_1\ \overline{A}_2\ \overline{A}_3 = 0\ , \tag{39}$$

$$W_3\ {}^1A_3\ \overline{A}_4\ \overline{A}_5 = 0\ . \tag{40}$$

Durch das Gleichungssystem, bestehend aus den Gleichungen (23) bis (40), ist unter Annahme einer beliebigen binären Kodierung (z.B. der oben angegebenen) die LAGRANGE-Gleichung des Gesamtverhaltens unseres Automatennetzes gegeben. Eine zeichnerische Darstellung des damit definierten Graphen erscheint wenig sinnvoll, dagegen ist jedoch die Phasenliste in Form einer vom Rechner ausgedruckten Ternärvektorliste durchaus praktisch anwendbar.

In Abb.4.51 ist als Beispiel der Verhaltensgraph des Netzes angegeben, der entsteht, wenn zusätzlich zu den allgemeinen Eigenschaften zur Vereinfachung angenommen wird, daß

- kein Fehlerzustand vorliegt,
- maximal 2 Automaten im Arbeitszustand sind,
- ein gleichzeitiges Verlassen des Arbeitszustandes ausgeschlossen wird.

Die Schlingen an jedem Zustandsknoten (jeder dargestellte Zustand ist stabil und kann beliebig lange beibehalten werden)sind nicht gezeichnet.

Nimmt man an, daß im ganzen Netz höchstens ein einziger Automat arbeiten kann, so vereinfacht sich der Graph zu dem in Abb. 4.52 gezeigten, der durch seine topologische Verwandtschaft mit der Netzstruktur selbst leicht verständlich ist. Er ist als Teilgraph in dem vorher betrachteten enthalten.

In den meisten Fällen kommen zu den stets gültigen Gesetzen hierarchischer Automatennetze noch solche und weitere Bedingungen hinzu, die zu vereinfachenden Restriktionen führen. Ihre Berücksichtigung erfolgt grundsätzlich so, daß sie als BOOLEsche Gleichung (möglichst unter Benutzung abkürzender Symbole) geschrieben werden und dem Gleichungssystem, das zur LAGRANGE-Gleichung führte, hinzugefügt werden. Wir wollen einige wichtige Fälle genauer diskutieren.

<u>Parallelarbeit:</u>

Sind zwei Automaten gleicher Stufe gleichzeitig im Arbeitszu-

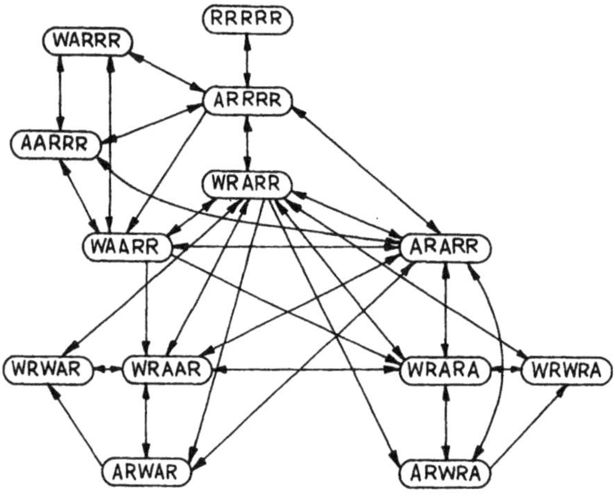

Abb. 4.51

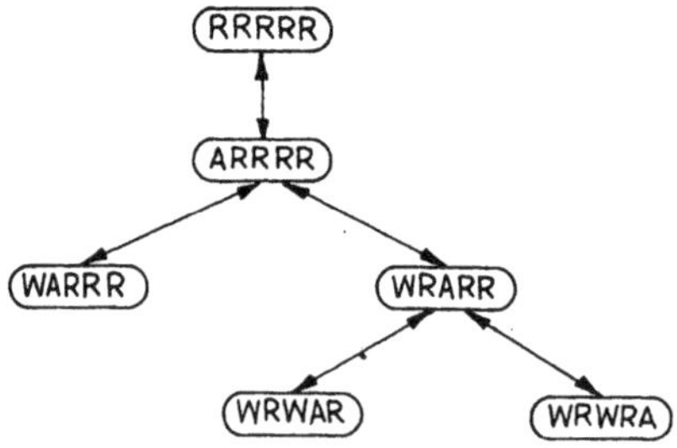

Abb. 4.52

stand, so spricht man von Parallelarbeit (bei unterschiedlicher Stufe der Automaten ist im gleichen Fall die Bezeichnung Simultanarbeit gebräuchlich). Soll die Parallelarbeit von $\mathfrak{A}_i$ und $\mathfrak{A}_j$ verboten sein, so gilt

$$A_i\, A_j = 0 \tag{41}$$

als statische Nebenbedingung, die zu

$$\max_t A_i\, A_j = 0 \tag{42}$$

als Restriktion für die Graphenkanten (Phasen) führt. Das Verbot simultaner Arbeit wird prinzipiell gleichartig formuliert. Gelegentlich versteht man unter verbotener Parallelarbeit nicht das gleichzeitige Eingeschaltetsein, sondern das gleichzeitige Einschalten. Das kann durch

$$R_i\, {}^1A_i\, R_j\, {}^1A_j = 0 \tag{43}$$

berücksichtigt werden. Dürfen zwei Automaten unterschiedlicher Aufgabenstellung gleichzeitig arbeiten, so kann oft das gleichzeitige Beenden der Arbeit als so unwahrscheinlich angesehen werden, daß es durch

$$A_i\, {}^1\overline{A_i}\, A_j\, {}^1\overline{A_j} = 0 \tag{44}$$

ausgeschlossen werden kann und damit die Vielfalt des Verhaltens weiter eingeschränkt wird. Man beachte, daß bei (43) nur die Übergänge vom Ruhe- in den Arbeitszustand erfaßt sind, während in (44) jedes Verlassen des Arbeitszustandes einbezogen ist!

Einfach- und Mehrfachfehler

Das gleichzeitige Auftreten voneinander unabhängiger Fehler ist so selten, daß es für eine grobe Analyse (und eine andere soll diese Netzbetrachtung nicht sein) oft außer Acht gelassen werden kann. Als Restriktionsgleichung gelten dann

$$\max_t F_i\, F_j = 0 \tag{45}$$

für das gleichzeitige Vorhandensein oder

$$A_i\, {}^1F_i\, A_j\, {}^1F_j = 0 \tag{46}$$

für das gleichzeitige Auftreten von Fehlern.

Ressourcenbeschränkungen

Bei einer programmtechnischen Lösung des Gesamtalgorithmus für das Netz kann die Zahl der gleichzeitig bearbeiteten Programme höchstens gleich der Zahl der Prozessoren sein. Auch bei einer

Hardwarelösung kann (z.B. aus energetischen Gründen) die Zahl der maximal gleichzeitig arbeitenden Geräte beschränkt sein. Solche und ähnliche Annahmen schränken innerhalb der Menge der Globalzustände die Möglichkeiten ein, es kann z.B. nur maximal n Automaten gleichzeitig der Arbeits- (oder Fehler-)-zustand zugeordnet werden. Für die Übergänge zwischen den verbleibenden Globalzuständen treten dann selbst bei einfachen Netzen so komplizierte Zusammenhänge ein, daß durch Nachdenken und heuristisches Vorgehen kein Überblick gewonnen werden kann. Man stelle dazu z.B. den Versuch an, durch hinreichend langes Überlegen den Übergang vom Graphen in Abb.4.52 zu dem in Abb.4.51 zu vollziehen.

Verkopplungen

Wir haben zur Vereinfachung des Vorgehens und zur Verringerung des Rechenaufwandes die oben eingeführten Signale K,L,M und N vorübergehend weggelassen. Sie entstehen, wie gezeigt wurde, innerhalb des Netzes in den Automaten selbst (L und M) oder in den unmittelbar übergeordneten (K) oder untergeordneten (N) Automaten. Damit hängen sie auch von deren Algorithmus und vom aktuellen Zustand ab. Das von uns bisher betrachtete Verhalten ist also das maximal mögliche, und im Betrieb des Automatennetzes ist durch die tatsächlichen Eingangssignale, Zustandsfolgen und Verkopplungen mit weiteren Einschränkungen (aber nicht Erweiterungen!) zu rechnen.

Als Beispiel betrachten wir das extrem einfache Netz aus 2 Automaten in Abb.4.53. Wir treffen folgende Festlegungen:

- beide Automaten sind vom Typ III,
- der Fehlerzustand eines Automaten kann nur verlassen werden, wenn sich der jeweils andere im Arbeitszustand befindet,
- ein Übergang F↔A in einem Automaten erfolgt ohne Zustandsänderung im anderen,
- gleichzeitiges Verlassen des Arbeitszustandes wird ausgeschlossen.

Während die beiden letzten Annahmen z.B. aus Beobachtungen stammen können oder ihre Verletzung als sehr seltenes Ereignis zunächst außer Betracht bleibt, stellt die zweite eine echte Verkopplung (gegenseitige Hilfeleistung im Fehlerfall, Reparatur durch den anderen Automaten) dar. Ihre Wirkung ist am Graphen

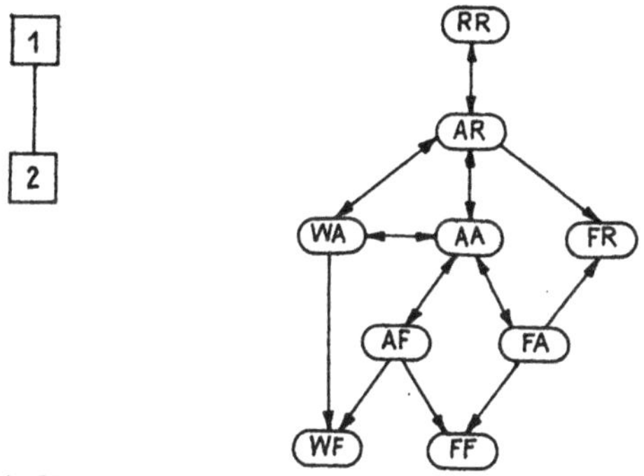

Abb. 4.53

gut durch die drei nicht mehr verlaßbaren Blockierungszustände WF, FR und FF erkennbar. Die Restriktionsgleichungen lauten

$$\bar{A}_1 \, F_2 \, {}^1A_2 = 0 \; ,$$

$$\bar{A}_2 \, F_1 \, {}^1A_1 = 0 \; .$$

Literatur:

/1/ Baranov, S.I.: Sintez mikroprogrammnych avtomatov. Energija, Leningrad 1979.

/2/ Berge, C., und A. Ghouila-Houri: Programme, Spiele, Transportnetze. Teubner, Leipzig 1967.

/3/ Bochmann. D.: Einführung in die strukturelle Automatentheorie. VEB Verlag Technik, Berlin 1975, Hanser-Verlag, München, Wien 1975.

/4/ Bochmann, D.: Probleme und Methoden der Analyse von Schaltnetzwerken. In: H.-G. Schneider (Hrsg.): Grundlagen der Schaltungsentwicklung. Akademie-Verlag, Berlin 1979, 157-190.

/5/ Bochmann, D.: Über sequentielle Taktierung von Schaltnetzwerken. Z.f. elektr. Informations- und Energietechnik 7(1977), 444-448.

/6/ Bochmann, D., und Ch. Posthoff: Binäre dynamische Systeme. Akademie-Verlag, Berlin 1981, Oldenbourg-Verlag, München, Wien 1981.

/7/ Bochmann, D.: Zur Dynamik und Steuerung hierarchischer Automatennetze. Wiss. Zeitschrift TH Karl-Marx-Stadt 22(1980), 3, 249-256.

/8/ Böhringer, M.: Theorie und Technik von Schaltnetzwerken. VEB Verlag Technik, Berlin 1969.

/9/ Caldwell, S.H.: Switching Circuits and Logical Design. Wiley, New York 1958.

/10/ Fischbach, F., J. Groß und W. Ott: Entscheidungstabellen. Verlagsgesellschaft Rudolf Müller, Köln-Braunsfeld 1975.

/11/ Hallbauer, G.: Zustandskodierung mit gleichzeitiger Zustandsreduktion beim Entwurf von statisch ungetakteten Folgeschaltungen. Dissertation, TU Dresden 1975.

/12/ Harary, F.: Graph Theory. Addison-Wesley, Reading (Mass.) 1969.

/13/ Kalman, R.E., P.L. Falb und M.A. Arbib: Topics in Mathematical System Theory. Mc Graw-Hill, New York 1969.

/14/ Killenberg,H., M.Krapp und K.Flurschütz: Struktureller Entwurf industrieller Steuerungen. Entwurfsrichtlinie, Forschungszentrum Kombinat Werkzeugmaschinenbau "Fritz Heckert", Karl-Marx-Stadt 1977.

/15/ Kühn,E., und H.Schmied: Handbuch Integrierte Schaltkreise. VEB Verlag Technik, Berlin 1979.

/16/ Kühnrich,M.: Ternärvektorlisten und deren Anwendung auf binäre Schaltnetzwerke. Dissertation, TH Karl-Marx-Stadt 1979.

/17/ Lahres,H.: Einführung in die diskreten Markoff-Prozesse und ihre Anwendungen. Teubner, Leipzig 1964.

/18/ Laue,R.: Elemente der Graphentheorie und ihre Anwendung in den biologischen Wissenschaften. Geest & Portig, Leipzig 1970.

/19/ Melichov,A.N.: Orientirovannye grafy i konečnye avtomaty. Nauka, Moskva 1971.

/20/ Melichov,A.N.,u.a.: Primenenije grafov dlja projektirovanija diskretnych ustroistv. Nauka, Moskva 1974.

/21/ Muller,D.E.,und W.S.Bartky: A Theory of Asynchronous Circuits. Univ. of Illinois, Dig. Comp. Lab., Rep. 75, 78, 1966(pt.1), 1967 (pt.2).

/22/ Oberst,E.,u.a.: Rechnergestützte Programmierung von Mikrorechnern auf der Basis von Steuergraphen. ZKI-Informationen (1980)2, AdW der DDR, ZKI Berlin 1980.

/23/ Posthoff,Ch.: Die Lösung und Auflösung BOOLEscher Gleichungen mit Hilfe des BOOLEschen Differentialkalküls. EIK 14 (1978) 1/2, 53-80.

/24/ Posthoff,Ch.,und B.Steinbach: Binäre Gleichungen - Algorithmen und Programme. Wiss. Schriftenreihe TH Karl-Marx-Stadt (1979) 1.

/25/ Posthoff,Ch.,und B.Steinbach: Binäre dynamische Systeme - Algorithmen und Programme. Wiss. Schriftenreihe TH Karl-Marx-Stadt (1979) 8.

/26/ Schwarz,W.,u.a.: Mikrorechner. VEB Verlag Technik, Berlin 1980.

/27/ Starke,P.H.: Abstrakte Automaten. VEB Deutscher Verlag der Wissenschaften, Berlin 1969.

/28/ Starke,P.H.: PETRI - Netze.
ZKI-Informationen (1978)3, AdW der DDR, ZKI Berlin 1978.

/29/ Sturm,J.: Auflösung BOOLEscher Gleichungen (Rechnerprogramm).
Diplomarbeit, TH Karl-Marx-Stadt 1979.

/30/ Stürz,H., und W.Cimander: Automaten.
VEB Verlag Technik, Berlin 1972.

/31/ Varšavskij,V.I.: Aperiodičeskije avtomaty.
Nauka, Moskva 1976.

/32/ Walther,H.: Anwendungen der Graphentheorie.
VEB Deutscher Verlag der Wissenschaften, Berlin 1979.

/33/ Zander,H.-J.: Entwurf von Folgeschaltungen.
VEB Verlag Technik, Berlin 1974.

/34/ Zykov,A.A.: Teorija konečnych grafov.
Nauka, Novosibirsk 1969.

Sachwörterverzeichnis

Algorithmisches System Entscheidungstabellentechnik

Von Hans-Jürgen Busch, Martin Engelien und Heinz Stahn,
Technische Universität Dresden

1981. 222 Seiten - 156 Abbildungen - 8° - Broschur 28,-- M

Bestell-Nr. 762 380 3 (6394)

Entscheidungstabellen sind ein wichtiges mathematisches Hilfsmittel für die Arbeit an Rechenanlagen. Diesem Werk liegt eine Übersicht und Analyse der bekannten algorithmischen Systeme zugrunde. Aus dieser Analyse entwickeln die Autoren auf algebraischer Grundlage die Grundzüge einer Theorie der Entscheidungstabellentechnik, und sie schaffen unter Einbeziehung ausgewählter Anwendungsbeispiele eine Methodik der Entscheidungstabellentechnik. Die Nutzung der Entscheidungstabellen als rechnerexterne Quellsprache wird beschrieben, wobei die Verfasser auf umfangreichen eigenen Arbeiten zur Entscheidungstabellentechnik und insbesondere auch auf der Entwicklung von Entscheidungstabellenvorübersetzern aufbauen.

Bestellungen durch eine Buchhandlung erbeten

A K A D E M I E - V E R L A G
DDR - 1086 Berlin, Leipziger Str. 3-4

Bei Fragen zur Produktsicherheit wenden Sie sich bitte an:
If you have any questions regarding product safety,
please contact:

Walter de Gruyter GmbH
Genthiner Straße 13
10785 Berlin
productsafety@degruyterbrill.com